詹秀惠著

眞堂學術論文集

文史哲出版社印行

國立中央圖書館出版品預行編目資料

真堂學術論文集 / 詹秀惠著. -- 初版. -- 臺北
市：文史哲，民82
面；公分.
ISBN 957-547-841-X(平裝)

1. 哲學 - 中國 - 論文，講詞等

120.7　　83000153

眞堂學術論文集

著者：詹秀惠
出版者：文史哲出版社
登記證字號：行政院新聞局局版臺業字五三三七號
發行人：彭正雄
發行所：文史哲出版社
印刷者：文史哲出版社
台北市羅斯福路一段七十二巷四號
郵撥〇五一二八八一二彭正雄帳戶
電話：三五一一〇二八

實價新台幣三四〇元

中華民國八十二年八月初版

ISBN 957-547-841-X

序

民國六十四年，秀惠獲得臺灣大學國家文學博士學位後，旋於次年至國立中央大學執教。匆匆十餘年間，除教學外，多致力於中國古文學之研究。時或感發，自以有見，即撰成論著；然才疏學淺，不免闕漏訛誤，貽笑大方，屢生疚悔。去歲之秋，擇其七篇，加以增補、修訂；而較此七篇略早著成之釋商君書及韻略易通研究二文，亦一併附入，將之彙編爲一集。

此論文集，經部四篇，首列其中二篇；而屬小學類之韻略易通研究，由於體例較異，移置於集末，同屬語言學之論語中所字式詞組亦隨之附於末次。史部一篇，子部二篇，集部之文學批評類二篇，凡九篇。學所不逮，請正於通達。

中華民國八十二年三月眞堂**詹秀惠**誌於臺北

真堂學術論文集　目次

周易卦爻辭與十翼之成書年代

壹、周易卦爻辭之成書年代

周易上下經，即所謂卦爻辭也。自繫辭傳稱伏羲作八卦後，論其著成時代與撰作之人者甚夥，茲舉其要者，辨析其得失，並略論卦爻辭之著成時代。

一、辨非伏羲畫八卦

易繫辭下云：

古者包義氏之王天下也，仰則觀象於天，俯則觀法於地，觀鳥獸之文，與地之宜，近取諸身，遠取諸物，於是始作八卦，以通神明之德，以類萬物之情。（十三經注疏周易卷八）

後人信其說，以爲伏羲畫八卦。繫辭上又云：

是故天生神物，聖人則之；天地變化，聖人效之；天垂象，見吉凶，聖人象之；河出圖，洛出書，聖人則之。」（同上卷七）

於是後人遂將以上繫辭二段文句聯結而觀之，以爲伏羲據河圖、洛書而作八卦，禮緯含文嘉、孔安國、馬融、王肅、姚信等皆作此說。周易正義孔穎達序云：

繫辭云：「河出圖，洛出書，聖人則之。」又禮緯含文嘉曰：「伏羲德合上下，天應以鳥獸文章，地應以河圖、洛書，伏羲則而象之，乃作八卦。」故孔安國、馬融、王肅、姚信等並云：「伏羲得河圖而作易。」（同上序）

漢劉歆亦主此說，漢書五行志上云：

易曰：「天垂象，見吉凶，聖人象之，河出圖，雒出書，聖人則之。」劉歆以爲虙羲氏繼夫而生，受河圖，則而畫之，八卦是也；禹治洪水，賜雒書，法而陳之，洪範是也。」（卷二十七上）

實則由先秦文獻可知，「河圖」、「洛書」乃先秦人心目中表瑞徵之吉物，非伏羲氏受命所專有。如尚書顧命云：

越玉五重：陳寶、赤刀，大訓、弘璧，琬、琰，在西序；大玉、夷玉，天球、河圖，

在東序。（尚書釋義周書）

按：屈師翼鵬尚書釋義云：

河圖，疑自然成文之玉，而獲之於黃河者也。（尚書釋義頁一二九註二十七）

「河圖」與「大玉」「夷玉」、「天球」並列爲陳飾之器，顯係吉瑞之物。

論語子罕篇云：

子曰：鳳鳥不至，河不出圖，吾已矣夫！

按：孔子慨歎「鳳鳥不至，河不出圖」，顯以「鳳鳥」、「河圖」之出現爲應世之瑞徵。

管子小匡篇云：

管子對曰：………昔人之受命者，龍龜假，河出圖，洛出書，地出乘黃。（世界書局新編諸子集成第五冊管子校正）

按：管子中將「河出圖」、「洛出書」與「地出乘黃」並舉爲三種帝王受命之瑞徵。

墨子非攻下亦云：

赤鳥銜珪，降周之岐社，曰：天命周文王伐殷有國。泰顛來賓，河出錄圖，地出乘黃。（同上第六冊墨子閒詁）

按：墨子中以「河出錄圖」與「泰顛來賓」、「地出乘黃」並列爲周文王受命之瑞徵。

又按：管子、墨子二書雖非管仲、墨翟所自作，乃先秦至漢初之雜纂叢書，然由其中所顯示之觀念，亦可略窺先秦至漢初時人之思想。

「河圖」、「洛書」既爲先秦人所傳述之瑞徵，非伏羲受命所專有，況繫辭傳僅將「河出圖，洛出書」與「天生神物」、「天地變化」、「天垂象，見吉凶」同列爲聖人作易取則之對象，且未明言「聖人」爲伏羲。孔穎達周易正義序已懷疑伏羲非單據「河圖」以造卦，曰：

是則伏羲雖得河圖，復須仰觀俯察，以相參正，然後畫卦。

至宋歐陽修易童子問辨繫辭非孔子作時，已論及伏羲作卦與「河圖」無涉，然未明言八卦非伏羲所作。後人議之，否定此說，已成定論。一則繫辭非孔子所作，乃戰國晚期之著作，內中前後矛盾，傳言失實者頗多，不足爲信。二則伏羲爲戰國以後始出現之上古傳述人物，邈茫難信。（註一）

二、辨六十四卦非伏羲、神農、夏禹、文王所重

繫辭未言及重卦者，後人持論，遂多歧異。

周易正義孔序云：

然重卦之人，諸儒不同，凡有四說：王輔嗣等以爲伏羲畫卦，鄭玄之徒以爲神轉重卦，孫盛以爲夏禹重卦，史遷等以爲文王重卦。

孔穎達信伏羲自重之說，云：

案：繫辭神農之時，已有蓋取諸益與噬嗑，以此論之，不攻自破，其言神農重卦，亦未爲得。今以諸文驗之，案：說卦云：「昔者聖人之作易也，幽贊於神明而生蓍。」凡言作者，創造之謂也。神農以後，便是述修，不可謂之作也。則幽贊用蓍，謂伏羲矣。故乾鑿度云：「垂皇策者犧。」上繫論用蓍云：「四營而成易，十有八變而成卦。」既言聖人作易，十八變成卦，明用蓍在六爻之後，非三畫之時。伏羲用蓍，即伏羲已重卦矣。說卦又云：「昔者聖人之作易也，將以順性命之理，是以立天之道曰陰與陽，立地之道曰柔與剛，立人之道曰仁與義，兼三才而兩立，故易六畫而成卦。」既言聖人作易，兼三才而兩立，又非神農始重卦矣。又上繫云：「易有聖人之道四焉：以言者尚其辭，以動者尚其變，以制器者尚其象，以卜筮者尚其占。」此之四事，皆在六爻之後，何者？三畫之時，未有彖繇，不得有尚其辭。因而重之，始有變動，三畫不動，不得有尚其變。揲蓍布爻，方用之卜筮，蓍起六爻之後，三畫不得有尚其占。自然中間，以制器者尚其象，亦非三畫之時。今伏羲結繩而爲罔罟，則是制器，明伏羲已重卦矣。……故今依王輔嗣，以伏羲既畫八卦，即自重爲六十四卦爲得。

三國吳虞翻亦主伏羲畫八卦重六十四卦之說，且以繫辭下去：「易之興也，其於中古乎？作易者，其有憂患乎？」之言，謂稱伏羲興易，云：

興易者，謂庖犧也。文王書經，繫庖犧於乾五，乾爲古，五在乾中，故興於中古。繫於黃帝、堯、舜爲後世聖人。庖犧爲中古，則庖犧以前爲上古。（周易集解卷十六「易之興也，其於中古乎」條引虞翻易注語）

又云：

庖犧則天八卦，通爲六十四，以德化之，吉凶與民同患，故有憂患。（同上「作易者，其有憂患乎」條下引虞翻易注語）

伏羲畫八卦既屬烏有，重卦之說愈不足信，然以三畫之爻，不能變動，唯六畫之爻始可揲蓍布爻，作卦重卦者，必爲一人，則係不刊之論。

鄭玄之徒以爲神農重卦。繫辭下去：

包犧氏沒，神農氏作，斲木爲耜，揉木爲耒，耒耨之利，以教天下，蓋取諸益。

因此而有神農重卦之說，然神農亦爲戰國後期始出現之上古傳述人物；（註二）況繫辭之意，亦非謂神農重卦，周易正義孔序已深辨之，其不足信明矣。

晉孫盛以爲夏禹重卦。尙書禹貢載禹「奠高山大川」，云：

> 包匭青茅，厥篚玄、纁、璣組；九江納錫大龜。浮于江沱潛漢，逾于洛，至于南河。……導河積石，至于龍門，南至于華陰，東至于底柱，又東至于孟津，東過洛汭，至于大伾；……導洛自熊耳，東北會于澗、瀍，東會于伊，又東北入于河（尙書釋義虞夏書）

禹治洪水，嘗導洛水，且九江進獻大龜時，亦嘗經洛水。又尙書洪範云：

> 箕子乃言曰：……鯀則殛死，禹乃嗣興，天乃錫禹洪範九疇，彝倫攸敘。（尙書釋義周書）

按：禹治洪水之時，天對禹有所嘗賜，賜洪範九疇。

繫辭上適言：「河出圖，洛出書，聖人則之。」於是，遂有神龜出洛水，賜禹「洛書」，「洛書」即「洪範九疇」之說，而孫盛竟以之附會爲夏禹重卦，實乏確證。史遷以爲文王重卦，亦無實徵，於下辨卦爻辭非文王作時一併論之。

三、辨卦爻辭非文王、周公、孔子所作

繫辭下云：

易之興也，其於中古乎？作易者，其有憂患乎？

又云：

易之興也，其當殷之末世，周之盛德邪？當文王與紂之事邪？

以上二段繫辭文句，掀啓文王、周公作卦爻辭之說。

史記周本紀云：

西伯蓋即位五十年，其囚羑里，蓋益易之八卦爲六十四卦。

按：文王重卦之說由此而起。

又太史公自序云：

退而深惟曰：……昔西伯拘羑里，演周易；……（卷一百三十）

按：「演周易」殆亦爲「益易之八卦爲六十四卦」之意，然文王作卦爻辭亦因之而起。

漢書藝文志云：

易曰：「宓戲氏……於是始作八卦，……」至於殷周之際，紂在上位，逆天暴物，文王以諸侯而行道，天人之占，可得而效，於是重易之爻，作上下篇。……（卷三十）

按：由是，文王不獨重卦，且作上下篇矣。

三國吳虞翻亦主文王書經辭，云：

謂文王書易六爻之辭也。大世乾上盛，乾三也。文王三分天下而有其二，以服事殷，周德其可謂至德矣。故周之盛德。……而馬荀鄭君從俗，以文王爲中古，失之遠矣。

（周易集解卷十六「易之興也，其當殷之末世」條下引虞翻易注語）

孔穎達易正義序云：

二以爲驗爻辭—多文王後事。案：升卦六四「王用亨於岐山」，又明夷六五「箕子之明夷」……又既濟九五「東鄰殺牛不如西鄰之禴祭」，說者皆云西鄰謂文王，東鄰謂紂。文王之時，紂尚南面，豈容自言己德受福勝殷，又欲抗君之國，遂言東鄰西鄰而已？又左傳韓宣子適魯，見易象云：「吾乃知周公之德」，周公被流言之謗，亦得爲憂患也。驗此語說，以爲卦辭文王，爻辭周公。馬融、陸績等並同此說，今依而用之。

文王作卦辭，周公作爻辭，漢馬融、陸績倡於前（註三）見唐孔穎達信於後，唐宋以後多宗此說。

清崔述豐鎬考信錄疑之，文武周公通考中云：

近世說周易者，皆以彖詞爲文王作，爻詞爲周公作，朱子本義亦然。余按：傳前章云：「易之興也，其於中古乎？作易者，其有憂患乎？」初未言中古爲何時，憂患爲何事也。至此章始言其作於文王時，然未嘗言爲文王所自作也。且曰「其當」，曰「其有」，曰「邪」，曰「乎」，皆爲疑詞而不敢決。……至司馬氏作史記，因傳此文，遂附會之，以爲文王羑里所演，……及班氏作漢書，復因史記之言，斷以詞爲文王之所繫，……其中有甚可疑者，……皆文王以後事。……於是馬融、陸績不得已，乃割爻詞，謂爲周公所作，以曲全之。……由是言之，謂文王作彖詞，周公作爻詞者，乃漢以後儒者因史記、漢志之文，而輾轉猜度之，非有信可徵者。（崔東壁遺書正編二）

崔氏之論甚明確。茲由周易經傳觀之，皆無明言文王、周公重卦繫辭之語，而先秦墳典亦無載錄，是以此說實乏信徵也。

有清今文學家廖平、皮錫瑞、康有爲本尊孔之意，以爲周易卦爻辭乃孔子所作。

廖平以孔子爲素王，六經皆其制作，云：

舊以易爲孔子作，十翼爲先師作。或疑此說過創。今按：陳東浦已不敢以易爲文王作矣。以十翼爲大傳，始於史記，宋盧陵、慈湖皆云非孔子作，黃東發、陳東浦以說卦爲卦影之學，必非孔子所作，尤與予說相合。十翼既非孔子作，則經之爲孔子作，無疑矣。……人但據繫辭文王與紂之時一語，遂談周文三；又因三易，周易，左傳引其文在孔子先，遂酷信其說，經出文周，孔子但作傳翼，故自古至今，迷而不悟也。（六藝館叢書知聖篇卷上）

廖氏爲提高孔子之地位，認定孔子未作十翼易傳，而作卦爻經辭。

皮錫瑞亦以卦爻之辭，同屬孔子所作，云：

當以卦爻辭，並屬孔子所作，蓋卦爻分畫於義，文，而卦爻之辭皆出於孔子。如此，則每「易歷三聖」之文不背；箕山東鄰西鄰之類，自孔子言之，亦無妨。（經學通論）

康有爲亦云：

按：易學爲歆亂僞之說有三：其一文王但重六爻，無作上下篇之事，以爲周公之作，更其後也；其二，易但有上下二篇，無十篇之說，以爲孔子作十翼，固其妄也；其三，易有施、孟、梁丘，並出田何，後有京氏爲異，然皆今文之說，無費氏易，至有高氏，亦支離也。（新學僞經考漢書藝文志辨僞第三上）

康氏亦否定孔子作易傳，而認定卦爻經辭爲孔子所作。

廖、皮、康三氏但憑一己尊孔崇經之意，毫無實徵，而予以主觀臆斷，益不足信。

四、辨卦爻辭非成書於春秋末期

梅氏應運撰「周易卦爻辭成書時代之考索」一文，（註四）考定卦爻辭成書於春秋末期，茲舉其論證之要者，略辨其非。

梅氏以語法論斷，所據者爲周氏法高「中國語法學導論」一文中之語法原則。（註五）周氏將古代語語法時期分爲殷周、列國、兩漢、魏晉南北朝四期後，云：

這也不過是大約劃分而已。時代也不是截然劃分，而是逐漸演變的。……第一期的特點如下⑴不用語末助詞「也」、「乎」、「邪」、「歟」等，常用「哉」字。⑵有不少特有的助詞，如「粵」、「爰」、「允」、「俟」、「維」、「言」、「迪」、「誕」等。⑶第一身代詞不用「吾」字，常用「攸」（‖所），用「曷」（‖何時）。到了第二期，民間講學之風興起，語錄和論議盛行；語法也步入一個新的階段。語末助詞的使用相當發達，如「焉耳乎」、「也乎哉」等三個助詞疊用的，也不乏其例，這種情形是第一期所沒有的。……

卦爻辭決不用「也」、「乎」、「邪」、「歟」等語末助詞，甚至「哉」字亦未用，（註六）常用「攸」代「所」字，（註七），皆爲合乎第一期語法特色者，而梅氏未提及。其所憑藉之語法論證，玆舉其要者，略辨於下：

1.「吾」、「與」：

中孚九二曰：

鳴鶴在陰，其子和之。我有好爵，吾與爾靡之。

梅氏以西周銅器銘辭、周書、詩經及春秋經，第一人稱代名詞不用「吾」字，論語以後用「吾」字，而認爲卦爻辭用「吾」字，乃成書於春秋末期之一證。

按：今查卦爻辭中，用「我」字共十三次，用於多種語法成分，如：

我有好爵，（中孚卦九二爻辭）

按：「我」爲主語。

鼎有食，我仇有疾，不我能即吉。（鼎卦九二爻辭）

按：「我仇」之「我」爲加詞；「不我能即」之「我」爲賓語。

觀我生，進退。（觀卦六三爻辭）

按：「我」爲加詞。

「吾」僅「吾」與爾靡之一例，用於主語，且同一爻尚有「我有好爵」，用於主語之「我」字。

語法成分之產生與通用，乃漸次演進者，論語用「吾」字共一百〇四次，用「我」字僅三十九次，已屬「吾」字通用時期，則「吾」字用爲第一身代名詞之醞釀時期遠在論語之前矣。卦爻辭用「我」字十三次，「吾」字僅一次，正爲「吾」用爲第一人稱代名詞醞釀時期之現象。卦爻辭之成書年代，當在西周之時，非論語成書之時或之後。

「與」字用爲連詞，卦爻辭亦僅「吾與爾靡之」一例，而詩經小雅、國風常見。由此可知，卦爻辭中連詞「與」乃爲啓「與」用作連詞之先聲者，卦爻辭成書年代必在詩小雅、國風之前。

2.語末助詞「如」、「若」、「思」、「然」：

卦爻辭中不用語末助詞「也」、「矣」、「焉」、「乎」、「耳」、「邪」等，而用「如」、「若」、「思」、「然」。「如」、「若」、「思」、「然」之用爲助詞，在「也」、「矣」等字之前，故周氏法高未列不用「如」、「若」、「思」、「然」爲第一期語法特點，是以此證不足爲成書於春秋末期之徵。

3.複音詞之產生：

卦爻辭中已有「禴祭」、「蒺藜」、「叢棘」、「桎梏」、「鞶帶」、「婚媾」、「夫子」等複音詞，梅氏作爲晚出之證據。誠然，由單音詞（奇名）演化至複音詞（偶名），乃中國詞彙發展之規律，然我國複音詞產生甚早，甲文已有「大示」、「小示」、「黃牛」等複音詞，時代愈遲，複音詞愈增。卦爻辭爲西周作品，含有複音詞，自不足爲奇，不可據以爲出於春秋末期之證。

由此觀之，以語法與詞彙論證卦爻辭出於春秋末期，實難成立，況語法分期之研究，尚未至完密階段，必待通盤整理後，始可取之爲考據之用。今欲以語法批斷著作年代者，可用之爲輔證，不可憑爲主證也。

五、證卦爻辭著成於西周初葉

「易」字，說文釋云：

易，蜥易蝘蜓守宮也，象形。祕書說曰：「日月爲易，象會易之形也。」一曰：「从勿。」（說文解字注九篇下）

由此可知，漢時對「易」字之解說，已有不同。

禮記祭義云：

昔者，聖人建陰陽天地之情，立以爲易。易抱龜南面，天子卷冕北面，雖有明知之心，必推斷其志焉。（十三經注疏禮記卷四十八）

鄭元（玄）注云：

「立以爲易」，謂作易。「易抱龜」，易，官名。周禮曰大卜。大卜主三兆三易三夢之占。

正義云：

「易抱龜南面，天子卷冕北面」者，立爲占易之官，抱龜南面，尊其神明，故南面。

鄭玄注「易」爲官名，乃太卜之涼，甚有卓識。（註八）「易」爲卜官之名，而卜官之職即主三兆三易三夢之占，必有其據以爲占之筮書，此筮書亦可稱爲「易」。

「周」字之義，先儒亦有岐異。孔氏正義序云：

鄭玄又釋云：「連山者，象山之出雲，連連不絕；歸藏者，萬物莫不歸藏於其中；周易者，言易道周普，无所不備。」鄭玄雖有此釋，更无所據之文。先儒因此遂爲文質之義，皆煩而无用，今所不取。案：世譜等群書，神農一曰連山氏，亦曰列山氏；黃帝一曰歸藏氏，既連山、歸藏並是代號，則周易稱周，取岐陽地名。………以此文王所演，故謂之周易，其猶周書、周禮，題周以別餘代。

孔氏釋「周」，不取「易道周普」之義，以爲乃朝代之稱，其意甚確。由左傳觀之，占筮之書多種，故稱「周易」者，乃指周朝占筮之書，以別於他本也。其著成年代，當在西周初葉，茲條列證據於下，分別述之。

㈠以論語子路篇引易恆卦爻辭語，證卦爻辭必出於論語之前

論語子路篇云：

子曰：南人有言：「人而無恆，不可以作巫醫。」善夫！「不恆其德，或承之羞。」

子曰：不占而已矣。

「不恆其德」二句出自易恆卦九三爻辭：

不恆其德，或承之羞，貞吝。

由此可證，易卦爻辭成書年代，必不後於論語，非春秋末期之作。

(二)以易卦源於龜卜，證畫卦、重卦、繫辭必出於同時，乃西周初葉之作

屈師翼鵬所著「易卦源於龜卜考」，（註九）云：

畫卦的目的，是爲了占筮，……但三畫之卦不能變動，根本沒法子占筮；只有六畫之卦才能用以揲蓍布爻。……如此說來，八卦和六十四卦，必然是同時的產物。又云：不但八卦和六十四卦，是同時的產物，即卦辭和爻辭，也必然是和卦畫同時產生的。

屈師並以易卦和甲骨刻辭之相似處，證易卦源於龜卜。甲骨卜旬之辭，自癸酉以迄癸亥，六旬駢列，自下而上，一如易卦之六爻。周易六十四卦，除乾、坤、頤、大過、坎、離、中孚、小過八卦外，其餘五十六卦，皆以反對爲序，一如甲骨兆紋及刻辭左右相對。易卦爻位，陽奇陰偶，一三五陽爻，二四六陰爻，與甲骨刻辭相間爲文相似。易卦九六爻位，陰陽相反，與甲骨刻辭上下正負相反相似。易卦九六之數，九陽爻表剛，六陰爻表柔，與龜紋腹九塊，骨質剛硬，盾版六塊，膠皮柔軟相似。

甲文未見八卦、六十四卦之名，至西周時採用蓍策以代龜卜，仍因襲龜卜之法而演易，

故八卦、六十四卦及卦爻辭必出於同時，成於西周初葉。

㈢以卦爻辭中之史實、器用、習語，證必作於西周初葉

卦爻辭中史實之可考者，如「高宗伐鬼方」（既濟九三）、「帝乙歸妹」（泰六五、歸妹六五）「箕子明夷」，（明夷六五）屬殷商史事；「康侯用錫馬蕃庶」（晉卦辭）爲西周初年史事。（註十）

卦爻辭中，「匪寇婚媾」（屯六二）之掠婚制度，「畜臣妾」（遯九三）、「得臣天家」（損上九）之臣妾奴隸制度，「益之十朋之龜」（損六二、益六五）、「震來厲。億！喪貝」（震六二）之用貝習俗，皆爲西周之現象。（註十一）

屈師翼鵬於其所著「周易卦爻辭，成於周武王時考」一文中，（註十二）以器用及習語「十朋」、「簋」、「鬼方」、「折首」覘之，不得遲至西周中葉以後。更以「康侯用錫馬蕃庶」（晉卦辭）、「拘係之，乃從維之，王用亨于西山」（隨上六）、「中行告公從，利用爲伊遷國」（益六四）證之，必成於周武王時。

㈣以卦爻辭有一致專用字及一貫體例，證成於一手，係創作，非纂輯

屈師翼鵬「周易卦爻辭成於周武王時考」已詳論之。玆略述如下：

作易者有若干專用字，如「元」（二十八見）、「孚」（三十見）、「咎」（九十四見），其餘「吉」、「吝」、「厲」、「悔」均數見不鮮。亨三十九見，皆爲「通」義，「貞」一〇九見，多用爲「守常不變」義。由此可證，卦爻辭乃成於一手，係創作，非纂輯。

又卦爻辭有一貫之體例，如易卦以反對爲序，卦辭亦偶申此義。泰卦辭曰：「小往大來。」否卦辭則曰：「大往小來。」初爻居一卦之最下，爻辭每以在下之物事爲喻；上爻居一卦之最上，爻辭每以在上之物事爲喻。「乾」、「咸」、「艮」、「漸」四卦更通卦之爻依上下之順序而繫之辭。由此可證，卦爻辭乃創作，非纂輯，成於一時，作於一手者也。

(五)以語法輔證，卦爻辭成於西周初葉

卦爻辭未用「也」、「矣」、「乎」、「歟」等語末助詞，且「哉」字亦未見。

常用「攸」字代「所」字。如：

君子有攸往。（坤卦辭）

勿用有攸往。（遯卦初六爻辭）

无攸利。（蒙卦六三爻辭）

无攸遂。（家人卦六二爻辭）

全用「于」字，不用「於」字。如：

入于林中。（屯卦六三爻辭）

于食有福。（泰卦九三爻辭）

武夫爲于大君。（履卦六三爻辭）

用「我」字十三次，「吾」字僅一次。

又已產生少量之複音詞，（註十三）如：

號咷：

同人先號咷而後笑。（同人卦九五爻辭）

旅人先笑後號咷。（旅卦上九爻辭）

槃桓：

槃桓。利居貞。利建侯。（屯卦初九爻辭）

婚媾：

匪寇婚媾。（屯卦六二爻辭、賁卦六四爻辭、睽卦上九爻辭）

求婚媾。（屯卦六四爻辭）

夫子：

不恆其德，貞。婦人吉，夫子凶。（恆卦六五爻辭）

凡此種種，（註十四）皆爲語法史上由殷商之原始時期，甫進入周秦上古時期之語法現象，故易卦爻辭當成書於西周初葉。

六、結　論

綜觀以上所述，周易卦爻辭，乃著成於西周初葉，出於一手之創作，殆太卜之流，所謂易官者之所撰歟？

貳、十翼之成書年代

易傳彖上下、象上下、繫辭上下、文言、說卦、序卦、雜卦、七種十篇合稱十翼。先秦典籍尙無稱「十翼」者，亦未言十翼爲孔子作。論語述而篇僅云：

> 加我數年，五十以學易，可以無大過矣。

史記孔子世家云：

> 孔子晚而喜易、序、彖、繫、象、說卦、文言。

史記未稱十翼，至易緯乾鑿度始稱之，云：

> 孔子占易，得旅，息志停讀，五十究作十翼。

漢書藝文志云：

孔氏爲之彖、象、繫辭、文言、序卦之屬十篇。

漢唐諸儒皆信之。宋歐陽修易童子問始以繫衍叢脞，疑繫辭而下非聖人之作。後人繼之，疑者日衆，十翼非孔子所作已成是論。茲分篇論述其著成時代。

一、彖傳上下

1.彖傳內涵表現儒家思想。如：

王假有廟，致孝亨也。（萃卦）

湯武革命，順乎天而應乎人。（革卦）

女正乎內，男正乎外。男女正天地之大義也。家人有嚴君焉，父母之謂也。父父、子子、兄兄、弟弟、夫夫、婦婦而家道正，正家而天下定矣。（家人卦）

又彖傳表現時中思想，以中道爲吉。如：

蒙亨，以亨行時中也。（蒙卦）

天險不可升也；地險，山川丘陵也。王公設險以守其國，國之險時用大矣哉。（坎卦）

柔離乎中正，故亨。（離卦）

彖傳亦有自然主義之天道觀，如：

大哉乾元，萬物資始，乃統天。雲行雨施，品物流行，大明終始，六位時成，時乘六龍以御天。乾道變化，各正性命，保合太和，乃利貞。首出庶物，萬國咸寧。（乾卦）

至哉坤元，萬物資生，乃順承天。（坤卦）

天地以順動，故日月不過而四時不忒。聖人以順動，則刑罰請而民服，豫之時義大矣哉。（豫卦）

恆，久也。……日月得天而能久照，四時變化而能久成，聖人久於其道，而天下化成。（恆卦）

此類思想正由論語陽貨篇「子曰：天何言哉，四時行焉，百物生焉，天何言哉！」更進一步發展而來。與中庸「致中和，天地位焉，萬物育焉」之觀念相似。

由上可知家傳必成於儒家後學者之手。

2.彖傳以陰陽釋卦，泰卦：「內陽而外陰」，否卦「內陰而外陽」。陰陽說起自戰國晚期，故彖傳必非孔子所作。

3.荀子大略篇云：

易之咸，見夫婦，夫婦之道不可不正也，君臣父子之本也。咸，感也；以高下下，以男下女，柔上而剛下。

咸彖傳云：

咸，感也；柔上而剛下。感應以相與，止而說，男下女，是以亨。

相較之下，可知荀子所用「易之咸」，乃爲咸彖傳之語，但文辭略異耳。

4.結論：由上觀之，彖傳乃戰國晚期儒家者流之作也。

二、象傳上下

象傳；凡解卦者稱大象；解爻者稱小象。象傳亦爲戰國後期儒家之所作。

1.大象有一致體例，先釋卦象，繼之以「君子以比」（五十三見）、「先王以」（七見），「后以」（二見），「上以」、「大人以」各一見，等語，引申儒家之義理，顯然出自一人之手。如：

天行健，君子以自強不息。（乾卦）

地上有水，比，先王以建萬國，親諸侯。（比卦）

天下有風，姤。后以施命誥四方。（姤卦）

山附於地，剝。上以厚下安宅。（剝卦）

明兩作，離。大人以繼明照于四方。（離卦）

雷在天上，大壯。君子以非禮勿履。（大壯卦）

2.大象中之義理表現儒家思想，比彖傳更爲精純，無儒家晚期之自然天道觀念。如：

按：論語顏淵篇云：

子曰：非禮勿視，非禮勿聽，非禮勿言，非禮勿動。

風雷，益。君子以見善則遷，有過則改。（益卦）

按：論語學而篇云：「子曰：君子不重則不威……過則勿憚改。」又子罕篇：「子曰：主忠信，毋友不如己者，過則勿憚改。」

地勢坤，君子以厚德載物。（坤卦）

按：中庸云：「博厚所以載物也，博厚配地。」

火在天上，大有。君子以遏惡揚善。（大有卦）

按：中庸云：「子曰：舜其大知也與！……隱惡而揚善！」

兼山艮，君子以思不出其位。（艮卦）

按：論語憲問篇云：「曾子曰：君子思不出其位。」

參閱嚴靈峰先生「易學新論」

尤以末條，乃曾子所言，必在曾子後。

3.小象釋爻，表現儒家思想，以中爲吉，爲儒家中道觀念。如：

黄裳元吉，又在中也。（坤六五）

九二利貞，中以爲志也。（損九二）

4.小象用及「陰」「陽」二字爲戰國晚期現象：

潛龍勿用，陽在下也。（乾初九）

履霜堅冰至，陰始凝也。（坤初六）

5.結論：大象、小象皆非孔子自作，乃戰國晚期儒家者流所作。惟大象小象是否一人所爲，尚有待深考。

三、文言傳

文言傳釋乾坤二卦，非孔子所作，條論於下：

1.文言傳繁衍叢脞，且用「子曰」，非孔子自作，亦非一家之言。

乾卦文言分爲四節，首節釋卦辭後，以「何謂也」、「子曰」之問答結構釋爻辭。如：

初九曰潛龍勿用，何謂也？子曰：龍德而隱者也。不易乎世，不成乎名……（乾卦）

孔子不當自稱「子」，且其語氣亦非「子」自作。

次節自「潛龍勿用，下也」至「乾元用九，天下治也。」釋爻辭，皆綴以語末助詞「也」字：

第三節自「潛龍勿用，陽氣潛藏」至「乾元用九，乃見天則。」亦釋爻辭，而不用「也」字。

第四節自「乾元者，始而亨者也」至「其唯聖人乎」，又如第一節釋卦辭及爻辭，釋爻辭或用「也」字，或不用「也」字。表達方式與前三節釋爻辭亦不相近。重複繁衍，決非一人所作。

2.文言傳雖多儒家思想，然有與孔子思想不類者。孔子不言鬼神，論語雍也篇云：「子曰：務民之義，敬鬼神而遠之，可謂知矣。」又先進篇云：「季路問事鬼。子曰：未能事人，焉能事鬼？」文言卻將「鬼神」與「天地」「日月」、「四時」、「人」並列，曰：

「夫大人者，與天地合其德，與日月合其明，與四時合其序，與鬼神合其吉凶，先天而天弗違，後天而奉天時，天且弗違，而況於人乎，況於鬼神乎！」

3.文言傳大抵因襲彖象；或由其義敷衍而成。如：

乾彖：「德施普也。」文言：「德博而化。」

坤象：「含弘光大」，文言：「含萬物而化光。」

乾象初九：「潛龍勿用，陽在下也。」文言：「潛龍勿用，下也。」

坤六五象傳：「黃裳元吉，文在中也。」文言：「君子黃中通理。」

乾卦第四節文言釋卦辭，似全因襲象傳而來，又如釋彖傳者，乾彖曰：「大哉乾元，萬物資始，乃統天。雲行雨施，品物流形，大明終始，六位時成，時乘六龍以御天。乾道變化，各正性命，保合太和，乃利貞。首出庶物，萬國咸寧。」

文言引：

乾元者，始而亨者也。利貞者，性情也。乾始能以美利利天下，不言所利，大矣哉！大哉乾乎！剛健中正，純粹精也。六爻發揮，旁通情也。時乘六龍以御天也。雲行雨施，天下平也。」

6.春秋繁露基義篇引坤卦文言語「履霜堅冰至，蓋言遜也」一語，文言傳著成當不在漢初以後。

7.結論：綜觀以上所述，文言傳非孔子作，乃出於彖傳以後，殆爲戰國晚期或秦漢之際儒家者流之所爲邪？

四、繫辭傳上下

繫辭上下說解易理，並及卦爻、彖象，引申推衍，義理精深，非孔子所作。

1. 繫辭中用「子曰」，顯非孔子語。如：

易曰：「自天祐之，吉旡不利。」子曰：「祐者，助也。天之所助者，順也。人之所助者，信也。履信思乎順，又以尚賢也。是以自天祐之，吉旡不利。」

2. 繫辭屢言「仁義」，當出於孟子後，如：

天地之大德曰生，聖人之大寶曰位，何以守位曰仁，何以聚人曰財，理財正辭，禁民爲非曰義。

子曰：「小人不恥不仁，不畏不義……。」

3. 繫辭屢言「陰」「陽」，爲戰國晚期之現象：

一陰一陽之謂道。

陰陽不測之謂神。

陽卦多陰，陰卦多陽。

4. 繫辭傳篇章零亂，繁衍叢脞，非一人之作，如：

彖者，言乎象者也。爻者，言乎變者也。吉凶者，言乎其失得也……

是故易者，象也。象也者，像也。象者，材也，爻也者，效天下之動者也。是故吉凶生而悔吝著也。

5.繫辭雖多儒家觀念，然雜有道家及陰陽家之思想，殆戰國末期受道家、陰陽家影響之儒家者流所作：

易與天地準，故能彌綸天地之道。仰以觀於天文，俯以察於地理，是故知幽明之故，原始反終，故知死生之說。精氣爲物，游魂爲變，是故知鬼神之情狀。

易旡思也，旡爲也，寂然不動，感而遂通天下之故，非天下之至神，其孰能與於此？

6.史記太史公自序已引繫辭「天下同歸而殊途」一語，繫辭傳必在漢初以前，殆戰國晚期之作。

7.結論：由上觀之，繫辭傳中之思想受道家陰陽家之影響更甚於文言。殆爲戰國晚期或秦漢之際儒家者流之所爲。

五、說卦

1.說卦傳或重複或矛盾，恐非出於一人之手，乃纂輯而成。重複者如首兩段，「昔者聖人之作易也」至「窮理盡性，以至於命」論八卦之起源配合人事，天命「文意已盡，而二段又曰「昔者聖人之作易也……易六位而成章」，意義作用相似，顯重複。其後論八卦之象徵天下萬物，既有末段之孳衍表徵，而前數段又有「乾爲馬……」「乾爲首……」「乾天也……」之言，僅因象徵略異而有此重複。

矛盾者，如：

乾爲首，坤爲腹，震爲足，巽爲股，坎爲耳，離爲目，艮爲手，兌爲口。

乾爲天……坤爲地……震爲雷……爲旉足，爲作足……巽爲木……爲多白眼……坎爲水……爲耳痛……離爲火……其於人也爲大腹……艮爲山……爲指……兌爲澤……爲口舌……

按：前段以「乾」爲首，坤爲腹，而末段乾十四象、坤十二象中，無「首」、「腹」，竟以「離」爲大腹；前段以「離」爲目，而末段無象「目」者，竟以「巽」爲「多白眼」；「巽」十五象中亦無前段之「股」字。此皆互相矛盾，且明爲纂輯而成也。

2.說卦傳中說及「陰陽」，「仁義」爲戰國晚期以後之現象：

觀變於陰陽而立卦。

立天之道曰陰與陽。……立人之道曰仁與義。

分陰分陽，迭用柔剛。

3.「帝出乎震」一語，業經抄襲終始五德之說：「參天兩地而倚數」一語，取五行配數字之義，當在戰國晚期鄒衍之後。

屈師翼鵬先秦漢魏易例述評以上面兩證判定說卦傳著作甚晚云：

按終始五德之說，始於鄒衍。以五行配數字，約當戰國晚年。說卦傳之作，更當在其後矣。

4.史記卷四十七孔子世家已言及說卦，云：「孔子晚而喜易，序、彖、繫、象、說卦、文言。」因此必在漢初以前。

5.晉書束皙傳曰：

太康二年，汲郡人不準盜發魏襄王墓，或言安釐王冢，得竹書數十車。……其易經二篇與周易上下經同……卦下易經，似說卦而異。

由此可知，戰國以卦象說解易卦者不只一家，則本篇說卦之作，似爲戰國晚期之人編輯諸多種說解而成者。

6.結論：

說卦傳乃鄒衍之後，戰國晚期之作，原本說解原卦象者不只一篇，今說卦傳乃後人纂輯而成。成篇之時，殆在史記之前，秦漢之際乎？

六、序卦傳

1.序卦依上下經，分爲兩節，依序述其相次之理，或以相反或以相生爲說，頗多牽強附會，故周易正義曰：「韓康伯云：『序卦之所明非易之蘊也。』實則序卦純爲編次序目而作，但託之義象耳。故爲易經之序目也。

2.序卦決非孔子作，但其中表現儒家觀念，爲儒者之流所爲：

有天地，然後有萬物；有萬物，然後有男女；有男女，然後有夫婦；有夫婦，然後有父子；有父子，然後有君臣；有君臣，然後有上下；有上下，然後禮義有所錯。

3.淮南子繆稱訓引及：

動而有益，則損隨之，故易曰剝之不可遂盡也，故受之以復。

序卦：

剝者，剝也。剝物不可以終盡，剝窮上反下，故受之以復。

二者字句略異，淮南子顯係引序卦語。故序卦當成於漢初以前。史記孔子世家之「序、彖……」恐爲「序卦」義。

4.結論：序卦乃戰國晚期，儒家者流所作之易經序目。

七、雜卦傳

1.史記未及雜卦，西漢以前人未徵引。論衡正說篇云：

……至孝宣之時，河內女子發老屋，得逸易禮尚書各一篇。

隋書經籍志云：

秦焚書，周易獨以卜筮得存，唯失說卦三篇，後河內女子得之。

二說不同，然史記已及說卦，故隋志之說法。逸易一篇當爲雜卦。雜卦乃出於漢宣帝時，故起於漢哀帝、平帝之間之易緯乾鑿度已有「十翼」之名。

2.雜卦爲一篇韻文，除「頤」、「大過」、「姤」、「夬」、「漸」、「歸妹」、「既濟」、「未濟」四組八卦，遷就押韻，次序錯亂外，其餘五十六卦，皆以反對之或相對兩卦爲一組：乾坤、坎離、中孚、小過以相對爲序，其他以反對爲序，加以訓解，如：

乾剛坤柔，比樂師憂，臨觀之義或與或求。……夬，決也，剛決柔也，君子道長，小人道憂也。

首兩韻，韻以「柔」、「憂」，末兩韻，亦韻以「柔」、「憂」，皆爲巧妙之安排，必出於一人之手。

3.結論：

雜卦爲漢宣帝或稍前之儒者所作，出於一人之手。

八、結　論

綜觀上述，十翼七種十篇，決非孔子所作，乃上自戰國晚期，下迄漢宣帝以前，諸儒家後學者說解易經之作。至漢哀、平之際或稍前，合稱十翼，漸次附經，而成今本者也。

（周易卦爻辭原刊於孔孟月刊第十六卷第十期，十翼之成書年代爲新發表者）

【附　註】

註　一　參考古史辨第七冊楊寬上古史導論第四篇。

註　二　見註一。

註　三　周易集解卷十六「危者使平」條下云：「陸績曰：文王在紂世，有危亡之患，故於易辭多趨危亡，本自免濟，建成王業，故易爻辭危者使平，以象其事。否卦九五：其亡，其亡，繫於包桑之屬是也。」由此段陸氏之注觀之，陸氏似仍以卦爻辭並屬文王所作，非如周易正義孔序之所言，卦辭文王，爻辭周公也。

註　四　刊登於新亞書院學術年刊第十三期。

註　五　見大陸雜誌第十一卷第三期。

註　六　周易二十一「哉」字全在十翼中。

註　七　僅用四次「所」字：「不永所事」（訟卦初六爻辭）、「天所往」（解卦卦辭。同卦卦辭另有「有攸往」）、「斯其所取災」（旅卦初六爻辭）、「匪夷所思」（渙卦六四爻辭）

註　八　論語子路篇載孔子引恆卦九二爻辭後，云：「不占而已矣。」左傳、國語皆用周易爲占筮之書。秦焚書，周易獨以卜筮得免。由此種種皆可證先秦以周易爲占筮用也，故「易」字之義從鄭玄之注，以占卜之官爲宜。

註　九　刊登於中央研究院歷史語言研究所集刊第二十七本，已收入書傭論學集中。

註　十　參閱古史辨第三冊顧氏頡剛「周易卦爻辭中的故事。」

註一一　參閱古史辨第三冊李氏永梁「周易卦爻辭的時代及其作者」。

註一二　原刊登於臺灣大學文史哲季刊第一期，已收入書傭論學集中。

註一三　梅氏應運於「周易卦爻辭成書時代之考索」一文中，列「禴祭」、「蒺藜」、「叢棘」、「桎梏」、「鞶帶」爲複音詞，茲爲審愼起見，上述諸詞是否已密結爲複音詞，有待進一步考證。

註一四　參閱「丁、卦爻辭非成書於春秋末期」條。

河圖洛書溯原兼及宋人圖書之學

一、先秦兩漢河圖洛書說

河圖二字首見於尚書顧命，云：

越玉五重：陳寶、赤刀、大訓、弘璧、琬、琰，在西序；大玉、夷玉、天球、河圖，在東序。

河圖與天球並列，同爲陳飾之吉物。（註一）

論語子罕篇云：

鳳鳥不至，河不出圖，吾已矣夫！

論語河圖與鳳鳥並舉，顯爲應世之瑞徵。稱「河不出圖」，可見「圖」乃出於「河」者。

易繫辭傳上云：

是故天生神物，聖人則之；天地變化，聖人效之；天垂象，見吉凶，聖人象之；河出圖，洛出書，聖人則之。

繫辭中將「河圖洛書」與「天生神物」「天地變化」、「天垂象，見吉凶」同列，皆以爲聖人作易時則效之對象。

繫辭非孔子所著，乃戰國晚年作品。源於龜卜，成於西周初年（註二）之易卦爻辭在戰國晚年，不僅仍存卜筮之用，且已躍爲儒家傳述義理之經典。繫辭之作者欲神聖人作易之源，乃取當代符應說之，河圖洛書爲取則之一。（註三）不意後世滯泥於此，遂百般巧釋，至宋圖書之學，極其弊矣！

兩漢承先秦符應說之緒，讖緯之說大興，而往往以河圖洛書爲主。不僅視之爲帝王受命之瑞應，易緯及諸儒且更各憑己意，予以實指。

漢書卷六武帝紀。

元光元年……五月，詔賢良曰：「朕聞昔在唐虞，畫象而民不犯，……麟鳳在郊藪，河洛出圖書……」

禮記禮運：

……天降膏露，地出醴泉，山出器車，河出馬圖。

鄭元註：

馬圖，龍馬負圖而出也。

漢人予河圖、洛書以實指者，其要者有三說：

一爲河圖八卦（註四）、洛書九疇：

二爲河圖九篇、洛書六篇

鄭元採春秋緯而有此說。周易集解引鄭注曰：

春秋緯曰河以通乾，出天苞；洛水流坤，吐地符。河龍圖發，洛龜書成，河圖有九篇，洛書有六篇也。

按：河圖九篇、洛書六篇，皆指明實際篇數。竊疑讖緯盛行之際，有人託作河圖九篇、洛書六篇；或全屬簡冊，或簡冊中附有圖文。其後失傳。今類書中所引河圖緯、洛書緯，恐即釋此河圖、洛書之作也。（註五）

三爲河圖八文：

易緯乾鑿度有河圖八文一章之說。玉海引乾鑿度曰：

河圖八文。易變而爲一；一變而爲七；七變而爲九；九者，氣之究也，乃復變而爲一。

又禮記月令載明堂九宮，大戴禮記明堂篇九宮分二九四、七五三、六一八、易乾鑿度有太一下行九宮之說，後漢書劉瑜傳謂「河圖授嗣，正在九房」。（註六）於是宋人據此以九宮

爲河圖；或因劉歆孔安國九疇，以九宮爲洛書。（註七）

綜觀上述漢人諸說，皆未取數以爲河圖、洛書。而至晉朝所出之尙書僞孔傳始取九爲洛書。尙書洪範僞孔傳曰：

天與禹洛出書，神龜負文而出，列於背，有數至于九。禹遂因而第之，以成九類，常道所以次敘。

由此，宋人乃取一至九數，列圖以爲洛書。

二、宋人圖書之學

唐人說解河圖洛書，皆承漢人之習，未有明列圖表者。然漢人以象數說易，取五行方位數字配八卦，已備宋人圖書之藍本。有宋圖書之學，起於道士之徒，陳搏希夷開其先，世傳僞龍圖之作，本藉易法以明丹道耳。而數傳之後，遂流爲三。劉牧子民易數鈎隱圖，始大加繁衍白黑點造圖之法；周敦頤濂溪太極圖，首創儒士列易圖之先聲；邵雍康節皇極經世書，益以精算之法，大倡象數圖書之學。朱喜晦翁繼起而集大成焉。著易學啓蒙，並列九圖於易本義卷首。於是河圖、洛書、先天、後天之學，遂爲宋元明清學易者所宗。茲分述於下，明其梗概、源流，使知宋人圖書之謬妄也。

甲、易龍圖

易龍圖，舊說陳摶所作，其書已佚。序錄載宋文鑑。自謂因孔子三陳九卦之旨而知河圖之說。

按：孔子三陳九卦之旨，出繫辭下，云：

是故履，德之基也；謙，德之柄也；復，德之本也；恆，德之固也；損，德之脩也；益，德之裕也；困，德之辨也；井，德之地也；巽，德之制也。履和而至，謙尊而光，復小而辨於物，恆雜而不厭。損先難而後易，益長裕而不設，困窮而通，井居其所而遷，巽稱而隱。履以和行，謙以制禮，復以自知，恆以一德，損以遠害，益以興利，困以寡怨，井以辨義，巽以行權。

此一節文字乃秦漢間儒者釋履等九卦之法，陳希夷但取其「九」位之數，與洪範九疇取「九」數同。

元雷思齊易圖通變曾述之曰：

第一爲龍馬圖；餘二十，是全用大傳天地五十有五之數，雜以納甲，貫穿易理；內一圖謂形九宮、附一圖謂形洛書者，則盡去其五生數，祇起地六至地十；自釋十爲用，十爲成形，故洪範陳五行之用數語而已。及終，其書，再出。兩圖其一形九宮者，元無攻異，標爲河圖；其一不過盡置列大傳五十有五之數於四方及中，而自標異，語爲洛書。並無傳例言說。

可知陳摶龍圖以九爲河圖，十爲洛書。今圖雖不傳，而張理易象圖說載有四圖：

一、龍圖天地未合之數：

此圖分上下。上圖以五白點一組，作形，共五組，合二十五點；下圖以六黑點一組，作形，共五組，合三十點。顯爲歸納繫辭天數二十有五，地數三十，凡天地之數五十有五，而列圖以明之者。

二、天地已合之位：

此圖亦分上下。上圖五行生數「一二三四五」，下圖五行成數「六七八九十」，皆依五行方位列圖。劉牧易數鈎隱圖洛書五行生數、成數二圖與此大同小異。

三、龍圖天地生成之數：

此圖乃合上二圖而來。與易學啓蒙河圖同（據張氏說，此乃陳摶洛書、張氏據啓蒙以爲陳摶誤，而改爲河圖。）

四、洛書縱橫十五之象

此圖與易學啓蒙洛書同。據張氏說，本陳摶河圖，張氏改爲洛書。

胡謂易圖明辨以張氏所載龍圖與太極圖異，斷龍圖非陳摶所作，乃范諤昌劉牧之徒所僞造。而張惠言易圖條辨則謂除第一圖外，皆張理所自造。

竊謂龍圖非陳摶所作，而張理所傳四圖亦非龍圖之舊。朱子已明斷龍圖爲假書（註八），而啓蒙、本義卷首所載河圖、洛書與張氏龍圖全同，豈非文公自相矛盾乎？故龍圖乃出於宋初道士之手，託名陳摶耳。

乙、易數鈎隱圖

劉牧易數鈎隱圖起於太極圖，至十日生五行亦相生圖，共五十五圖；又遺論九事起於太皡氏授龍馬負圖，至陰陽律呂圖，共九圖。所製圖書愈趨細冗，爲至今所存以白黑點造易圖最早最全者。

鈎隱圖謂河圖、洛書並出羲皇之世，河圖爲九（四十五點）洛書爲十（五十五點），正與雷思齊所述龍圖相似。其河圖、洛書略述於下，此明啓蒙圖書之源：

一、河圖；即遺論九事中之太皡授龍馬負圖。其圖「以五爲主，六八爲膝，二四爲肩，左三右七，戴九履一」，與啓蒙洛書相同；僅「膝」稱「足」、戴九肩四右七畫法略異而已。

二、洛書五行生數、成數二圖。

洛書五行生數一二三四五，成數六七八九十，共十位五十五點。二圖併合，即成啓蒙河圖。

劉氏謂書九疇惟五行是天地自然之數，餘八法，是禹參酌天時人事類之耳。龍圖止負四象八純之卦，雖兼五行，有中位而無生數，唯四十有五。龜書乃見生成之數五十有五。

以上劉氏論點大爲宋人所詬病。蔡元定爲易學啓蒙起稿，遂兩易之，定河圖爲十，洛書爲九。

丙、太極圖

宋人太極圖有三，分述如下：

一、周敦頤太極圖

此圖載於朱震漢上易圖及明胡廣等編撰之性理大全。（註九）即其太極圖說：「無極而太極。太極動而生陽，動極而靜，靜而生陰。……陽動陰合，而生水火木金土。……無極之眞，二王之精，妙合而凝，乾道成男，坤道成女。」（註一〇）之圖象表示。

漢上易謂「陳摶以太極圖授种放。放傳穆修。修傳周敦實。（註一一）敦實傳二程先生。陳摶之學源自參同契。（註一二）而太極圖顯係據五代蜀道士眞一子彭曉明鏡圖所傳參同契水火匡廓圖、三五至精圖，略加變化而成。（註一三）

二、天地自然之圖：

此圖又名太極眞圖或先天圖，載於趙撝謙六書本義。趙氏自謂得之陳伯敷氏。以爲即虙戲河圖，世傳蔡元定得於蜀隱者，秘而不傳，朱子未之見者。（註一四）

三、古太極圖

此圖載於趙仲全道學正宗。明宋濂以爲乃羅頣所傳，授自青城山隱者。

天地自然之圖及古太極圖，胡渭易圖明辨卷三深信唯此二圖眞陳摶所傳於种放，放傳穆修，修傳邵雍，邵雍始傳世者。

張惠言易圖條辨則疑之曰：

觀此諸說，此圖元初出於建安，明人盛傳之。其託於蔡季通非有證據。……爲此圖者，蓋由朱子發納甲之圖，用周元公太極之法，圖而入之。

按：此二圖大同小異，中白黑圜環者爲太極，似周敦頣太極圖而略異。圍繞太極環者爲八卦，取乾南坤北離東坎西兌東南震東北艮西北巽西南之象，與漢上易納甲圖八卦方位，易學啓蒙伏羲八卦方位相同，此圖既謂邵子傳於世者，而皇極經世書，易學啓蒙等宋人圖書皆未言及，至元末明初始出，極爲可疑。恐張惠言之論較確。此二圖縱爲宋人所爲，亦在朱熹之後。（註一五）

丁、易本義卷首九圖

啓蒙圖書，載於易本義卷首者九，茲細考其源流，以明有宋圖書之學，僅爲宋人歸納易繫辭傳，說卦傳及漢人諸說，所創之圖解，託名河圖、洛書、伏羲、文王耳。

子、河圖、洛書

一、河圖

宋人河圖源自繫辭傳及漢人諸說。

繫辭傳上曰：

天一、地二、天三、地四、天五、地六、天七、地八、天九、地十。天數五、地數五；五位相得，而各有合。天數二十有五，地數三十；凡天地之數五十有五。

按：河圖十位五十五點據此。

揚雄太玄經太玄數卷第八玄數曰：

三八爲木、爲東方、……四九爲金、爲西方、……二七爲火、爲南方、……一六爲水、爲北方、……五五爲土、爲中央、……

同書太玄圖告卷第十玄圖亦曰：

一與六共宗，二與七共朋，三與八成友，四與九同道，五與五相守。

按：玄圖名爲圖，今所傳本卻未具圖。

又鄭玄註易繫辭上，大衍之數五十曰：

……天下一生水於北，地二生火於南，天三生木於東，地四生金於西，天五生土於中。陽無耦，陰无配，未得相成。地六成水於北，與天一并；天七成火於南，與地二并；地八成木於東，與天三并；天九成金於西，與地四并；地十成土於中，與天五并也。……（見王應麟纂輯周易鄭康成註，四部叢刊三編經部）

按：揚雄仿易作於玄經、鄭玄註易，皆以數字配五行方位爲說，三八木東、四九金西、二七火南、一六水北、五十。（按：揚子作「五五」土中。本義與河圖全合。可知此二說正爲河圖之藍本）（註一六）

宋劉牧鈎隱圖以十位五十五點爲洛書，分洛書五行生數、五行成數二圖。至蔡元定爲易數啓蒙起稿，則以爲自孔安國、劉歆、魏關朗、宋邵雍，皆謂十爲河圖、九爲洛書（註一七），故更易劉牧洛書爲河圖。並併合二圖，成今啓蒙、本義卷首所載河圖。

二、洛書

宋人洛書源自劉歆孔安國洛書九疇、禮記月令大戴禮記明堂九宮、易乾鑿度太一下行九宮之說而來。

劉歆、孔安國皆以洪範九疇爲洛書，歆取六十五字，安國取數九。據此，宋人用「初一」

至「次九」之「一、二、三、四、五、六、七、八、九」九位數字，列成其洛書。

禮記月令載明堂九室。大戴禮記明堂篇曰：

明堂者，古有之也；凡九室、二九四、七五三、六一八。

按：宋人洛書由右至左，上排二九四、中排七五三、下排六一八、縱橫皆十五，故洛書縱橫十五之數起於此。

後漢書五十九卷張衡傳註：

易乾鑿度曰：「太一取其數以行九宮。」鄭玄注云：「太一者，北辰神名也。下行八卦之宮，每四乃還於中央。中央者，地坤之所居，故謂之九宮。天數以陽出，以陰入。陽起於子，陰起於午，是以太一下九宮，從坎宮始。自此而坤官，又自此而震宮，既又自此而巽宮。所行者半矣，還息於中央之宮。既又自此而乾宮，自此而兌宮，自此而艮宮，自此而離宮。行則周矣，上遊息於太一之星、而反紫宮。」

按：太一九宮與大戴記相較，配以數字則自右至左：上排坤二離九巽四、中排兌七坤五震三、下排乾六坎一艮八。又爲縱橫十五之象。而方位「震東兌西離南坎北」，亦與說卦傳合。

宋龍圖以九爲河圖，劉牧鈎隱圖本之。蔡元定易之爲洛書。今啓蒙、本義卷首洛書之象為「戴九履一、左三右七、二四為肩、六八為足」正本漢人說演變而來。

本義卷首所載伏羲四圖，乃邵雍得之李之才，之才得之穆修，穆修得之陳摶者，稱先天之學，或稱先天古易。

丑、伏羲四圖

一、伏羲八卦次序，六十四卦次序二圖：

此二圖乃據繫辭上「太極兩儀四象八卦」，用數學加一倍法演成。

易學啓蒙謂太極○生兩儀——陽儀一，陰儀一，陰儀一；兩儀生四象——太陽⚌、少陰⚍、少陽⚎、太陰⚏；四象生八卦——乾一☰、兌二☱、離三☲、震四☳、巽五☴、坎六☵、艮七☶、坤八☷、三畫之上各生一奇一偶，而為四畫者十六；四畫之上各生一奇一偶，而為五畫者三十二；五畫之上各生一奇一偶，而為六畫者六十四。即用邵子一生二，二生四，四生八，八分為十六，十六分為三十二，三十二分為六十四之加倍法。

漢焦延壽易林已於六畫之上疊上一奇一偶，疊至十二畫，成其變卦之數。而邵雍更推擴之，十二畫之上又可疊生一奇一偶，以至於易道無窮。

本義卷首二圖則以黑白方格表示，依次疊生。

按：易源於龜卜，三畫以成八卦，八卦兩相重生成六十四卦，始能揲蓍布爻，以備占筮之用。繫辭下傳：「八卦成列，象在其中，因而重之，爻在其中矣。」正爲因八卦兩兩相重生之說。

又易卦以兩兩反對爲序，易傳亦時明其旨。而宋人所定伏羲八卦，六十四卦次序，與之相悖，決非經傳之旨。

況其太極八卦之釋又非確當者邪？屈師翼鵬先秦漢魏易例述評繫辭傳例曰：

是知太極生兩儀，兩儀生四象者，即禮器所謂：「本於大一，分而爲天地，……變而爲四時」而已。四象生八卦者，意謂卦有變動，而「變通莫大乎四時，」故卦象此而生耳，不必淤泥八卦出諸四象也。至朱熹本義，遂謂：「一每生二者，自然之理也。易者，陰陽之變；太極者，其理也。兩儀者，始爲一畫，以分陰陽；四象者，次爲二畫，以分太少；八卦者，次爲三畫，而三才之象始備。」繼此而八卦生十六卦，十六卦生三十二卦，三十二卦生六十四卦。其說出自邵雍，所謂伏羲六十四卦相生之圖也。

然於繫辭傳何與焉？

由此可知，伏羲八卦，六十四卦次序，僅爲宋人依其加倍之數學法，以推繪而成之相生圖，決非周易經傳之意。

二、伏羲八卦方位，六十四卦方位二圖：

伏羲八卦方位源於說卦傳及參同契。

說卦傳曰：

天地定位，山澤通氣，雷風相薄，水火不相射，八卦相錯。數往者順，知來者逆，是故易逆數也。

邵子據此定乾南、坤北、離東、坎西、震東北、兌東南、巽西南、艮西北；自震至乾順，自巽至坤逆。

按：說卦傳此節決無方位之說。而三國虞翻註繫辭已用此節配納甲五行方位。（註一八）然其方位與邵子異。邵子之說乃源自參同契。（註一九）周易參同契曰：

乾坤者，易之門戶，衆卦之父母。坎離匡郭，運轂正軸。牝牡四卦，以爲橐籥。

鄒訢（即朱熹）註：

乾坤位乎上下，而坎離升降乎其間，所謂易也。先天之位，乾南坤北離東坎西是也。……牝牡，謂配合之四卦，震兌巽艮是也。橐，鞴囊；籥，其管也。蓋納甲之法，乾爲望，坤爲晦，而坎離升降乎其間，震生明，而兌爲上弦，巽爲生魄，而艮爲下弦；如鼓鞴之有緩急也。（見昌平叢書周易參同契考異）

按：可知伏羲八卦方位乃源自參同契子納甲之法而來。然參同契僅爲魏伯陽取周易，用京房納甲法以成鼎爐修煉之道術耳。虞翻用之說易，而邵子更以之定伏羲八卦方位，豈非穿鑿至極乎！

又按：八卦方位亦由第一圖八卦次序而來。八卦次序中分，震離兌乾列左半圓，順數而上；巽坎艮坤列於右半圓，逆數而下。

伏羲六十四卦次序有方圓二圖，方布於內，圓環於外。圓者乃依「乾南、坤北、離東、坎西」方位，循六十四卦次序順逆之法而成。方者則以八純卦爲主，分爲八組，每組八卦，依第三圖伏羲六十四卦次序一層層疊上，乾始於西北，坤盡於東南。

綜觀以上伏羲四圖，乃以八卦次序「一生二」之加倍法爲主，推衍其次序、方位，爲宋人象數之學，與伏羲、易經無涉。

（河圖洛書溯原兼及宋人圖書之學）

寅、文王八卦次序 八卦方位二圖

此二圖，邵子以爲文王入用之位，後天之學。

說卦傳曰：

乾，天也，故稱乎父；坤，地也，故稱乎母；震一索而得男，故謂之長男；巽一索而得女，故謂之長女；坎再索而得男，故謂之中男；離再索而得女，故謂之中女；艮再索而得男，故謂之少男；兌三索而得女，故謂之少女。歸納列圖而成。

據此，繪出文王八卦次序圖。

又說卦傳曰：

> 帝出乎震……震，東方也。齊乎巽，巽，東南也。……離也者，明也，萬物皆相見，南方之卦也。……坤也者，地也。……兌，正秋也。……乾，西北之卦也。……坎者，水也，正北方之卦也。……艮，東北之卦也。

據此，邵子以爲文王八卦方位圖。

按：以繫辭太極八卦屬伏羲，說卦乾坤六子屬文王，既認伏羲畫八卦，則焉有文王八卦次序？又伏羲、文王八卦方位皆據說卦傳，「天地定位」在前屬伏羲，「帝出乎震」在後屬文王，以辨先天，後天，何附會之深邪？

卯、朱子卦變圖

朱子曰：「彖傳或以卦變爲說，今作此圖以明之。」

所謂「彖傳以卦變爲說」，僅因彖傳承經旨，以反對之義說解，遂附會爲六十四卦自復始，臨遯、泰否、大狀觀、夬剝十卦而來。朱子承漢荀爽虞翻卦變之緒，而製此圖，愈趨繁衍矣。

三、結論

河圖、洛書之名起於先秦，本應世瑞徵耳。而託之孔子，實戰國末年成書之繫辭傳，用爲聖人取則之一，以神作易之源。又說卦傳因五德終始之說，以五行方位配八卦，開五行說易之習。

入漢之後，一則讖緯盛傳河圖、洛書之瑞應，易緯諸儒予以實指，而有河圖八卦、九篇、八文，洛書九疇，六篇之說。二則孟喜啓象數解易之始，京房繼以說炎異，鄭玄之徒，因以註易，至三國虞翻窮極焉。而大戴禮記原有以數配明堂九宮之說；揚雄仿易，亦有玄數，玄圖之論；魏伯陽參同契，更因納甲成其鼎爐修煉之術。諸家之法，大率皆以五行數字方位時令星象配八卦，六十四卦，未有列圖數以當河圖洛書者。至晉出僞孔安國傳始謂河圖數九。宋人信其爲聖人後嗣之言，並取漢人諸說，兼以私意釋解繫辭、說卦，而演成其圖書之藍本。

唐人承漢人之舊。至宋，而疑古之風大興。歐文忠公以繫辭文言說卦而下，非聖人之作，「乾無四德，而河洛不出圖書」。（註二〇）然道士之徒，則藉易法例圖以明丹道。陳希夷開其先，世遂有僞龍圖之作。數傳之後，流衍爲三。劉子民易數鈎隱圖大加繁衍白黑造圖之法，而河圖、洛書之象立焉；周濂溪太極圖首啓儒者演易圖之習；邵康節皇極經世書，益其數學，大倡象數圖書之學。朱元晦繼起，集其大成，著易學啓蒙，名列九圖於易本義卷首。於是河圖、洛書、先天、後天之學截然判分，而孔子、文王、伏羲三聖三古之上，猶有先天自然之易，文王、伏羲亦廣置圖書焉。宋末元明清學易者靡然宗之，且代代有新圖之作（註二一），繁衍碎雜，愈無當於易旨。

明末清世，已有學者憬然醒悟，大辨圖書之非；黃梨洲易學象數論，毛西河河圖洛書原舛、胡朏明易圖明辨、張皋文易圖條辨四書尤爲詳明。然猶信伏羲畫卦重卦、文王卦爻辭、孔子十翼之說，遂以河圖、洛書爲聖人作易先兆之詳。（註二二）至今猶有信之者，不亦惑乎。

（原刊於孔孟月刊第二三卷第十期）

【註釋】

註一　屈師翼鵬尚書釋義曰：「河圖、疑自然成文之玉，而獲之於黃河者也。」

註二　參閱屈師翼鵬書傭論學集周易卦爻辭成於周武王時考、易卦源於龜卜考。

註三　王應麟玉海引山海經曰：「列山氏得河圖，周人因之曰周易。」（今本山海經無，見僞書通考易類周易所引）按：山海經所言亦繫辭聖人取則作易之意。

註四　論語集解引孔安國注曰：「聖人受命，則鳳鳥至，河出圖。吾已矣乎，傷不得見也。河圖，八卦是也。」與尚書僞孔安國傳注同。尚書顧命僞孔傳曰：「河圖、八卦。伏羲王天下，龍馬出河，遂則其文，以畫八卦，謂之河圖；及典謨皆歷代傳寶之。」疑論集解孔安國註亦僞。

註　五　黃奭逸書考通緯輯有河圖緯、河圖括地象、河圖帝覽嬉、河圖稽命徵、河圖稽耀鉤、龍魚河圖、河圖始開圖、雒書、雒書甄曜度、雒書靈准聽、雒書摘文辟。讖緯起於哀、平之際，不知黃奭所輯者是否皆出於漢世。

註　六　後漢書卷五十七劉瑜傳曰：「延熹八年……上書陳事曰：『古者天子，一娶九女，娣姪有序、河圖授嗣，正在九房。……』」按：九房即九室、九宮。劉瑜意謂河圖授嗣之處在九房，非謂河圖即九房，而宋人予以附會。

註　七　參閱第二單元宋人圖書之學。

註　八　朱子語類卷六七：「龍圖是假書，無所用。康節之易，自兩儀、四象、八卦、以至六十四卦，皆有用處。」（引自世界書編僞書局考五種朱熹辨僞書語）。

註　九　二圖大同小異。張惠言謂漢上易所傳者爲原圖，姓理大全所傳者爲朱子改定。

註一〇　周子太極圖說引自學生書局所編中國學術論著集要。

註一一　周敦頤原名敦實，避英宗諱，改頤。

註一二　朱子曰：「魏伯陽參同契，恐希夷之學有些自其源流。」（引自周易參同契考異黃瑞節附錄）。

註一三　五代蜀彭曉作參同契分章通眞義三卷：明鏡圖訣一卷。毛奇齡河圖洛書原舛篇曰：「參同契諸圖，自朱子註後，則學者多刪之。徐氏註本已亡，他本厖雜不足據。惟彭本有水火匡廓圖、三五至精圖、斗建子午圖，將指天罡圖、昏見圖、晨見圖、九宮八卦圖、八卦納甲圖、含元播精三五歸一圖。……」然彭本所傳未必確爲參同契原有。

註一四　世傳朱子合蔡元定入蜀、所歸三圖爲：先天太極圖（即天地自然之圖）、九宮圖（即洛書）、五行生成圖（即河圖）。

註一五　周敦頤太極圖亦有疑之者。

註一六　周易集解繫辭上「五位相得而各有合」引虞翻註曰：「五位謂五行之位。……或以一六合水，二七合火，三八合木，四九合金，五十合土也。」數字配合同於揚子玄數及鄭註。

註一七　劉歆以河圖爲八卦、洛書爲九疇六十五字，並無圖十書九之說。尙書僞孔安國傳以河圖爲八卦，洛書始謂數九（參閱第一單元先秦兩漢河圖洛書說）。魏關朗子明易傳，宋人多謂阮逸僞作。邵康節皇極經世書僅謂圓者，河圖之數，方者，洛書之數，未言圖十書九。則蔡氏所據爲孔安國數九及關氏易傳，二者皆漢以後之僞書，實不足據。

註一八　周易引虞翻註繫辭上「五位相得而各有合」曰：「五位，謂五行之位。甲乾乙坤相得合木，謂天地定位也；丙艮丁兌相得合火，山澤通氣也；戊坎己離相得合土，水火相逮也；庚震辛巽相得合金，雷風相薄也；天壬地癸合水，言陰陽相薄，而戰於乾，故五位相得而各有合。」正用參同契納甲之法，卦位乾坤東、震巽西、艮兌南坎離中。

註一九　朱子謂邵雍之學本諸希夷，希夷之學源自參同契。（見本義圖說及周易參同契考異附錄所引朱子說）

註二〇　見歐文忠集卷七十八，易童子問卷三。

註二一　如宋末元初俞琰先天六十四卦直圖、元吳澄互先天圖、明來知德錯綜圖、清胡煦易圖等皆是。

註二二　胡渭易圖明辨卷一說。

洛陽伽藍記的作者與成書年代

一、前　言

洛陽伽藍記（以下簡稱伽藍記）是在公曆第六世紀，產生於南北朝的一部著作。它和世說新語、水經注、顏氏家訓合爲南北朝文學四大巨著，而在二十世紀末期的現代，後三部早已名播中外，家喻戶曉，伽藍記卻依然深藏寶庫，少爲所知。

伽藍記的書名，歷代著錄中，唯隋費長房歷代三寶記九、唐釋道宣大唐內典錄四作「雒陽地伽藍記」，唐釋道世法苑珠林傳記篇作「洛陽地伽藍記」，其他如隋書經籍志、唐釋道宣廣弘明集、舊唐書經籍志、四庫提要等，均作「洛陽伽藍記」（註一），和今流傳板本相同。

在學術的歸類上，歷代著錄大多錄屬史部地理類（註二），少數歸入子部道家類、釋家類。（註三）換句話說，也就是認爲它是史學和哲學上的書籍，但是依我們現代的眼光看來，它不只是史哲學上最富價值的一部墳籍，也是文學上最具情趣的一部作品。

伽藍，是「僧伽藍摩」的簡稱。「僧伽藍摩」又作「僧伽羅摩」，是梵文 samghārāma的音譯，簡稱爲「僧伽藍」、「伽藍」。意譯爲衆園，即僧衆所住的園林，爲佛寺的通稱。（註四）

伽藍記是以北朝元（拓跋）魏洛陽城的大伽藍（大佛寺）爲綱領，依城內、城東、城南、城西、城北爲次第，記載每一佛寺的造寺源流、地理位置、寺院景觀及附近坊里的風土人情，兼述當代人物的活動、政治的變亂、神靈故事、鬼怪傳聞、歷史掌故等。卷五尤其特別敘述元魏明帝時宋雲、惠生前往西域的取經記。由伽藍記中不僅可以了解元魏一朝的史事和當時東西交通的情況及當代人民的生活狀態，是史學上不可多得資料；而且又可以由文中看出當代人民的思想、民俗精神，及佛教盛行情況、禪宗思想漸趨發展的脈絡，是哲學上極有價值的文獻。

除此之外，伽藍記尤其難得的是它的文學氣質。作者以駢文爲主、散文爲輔，用華麗雋永的文句、活潑細膩的手法，來敘事寫景，是最優異的遊記文學。他用寫實的筆調，敘述一些在亂雜社會中，生死幽隔、悲歡離合的故事，加上頗富神秘性的神靈鬼怪的傳聞，都具有小說的本色，在整個中國小說發展史上佔據著相當重要的地位。

本篇論文主要在探討這部名著的作者及成書年代。

二、作者

㈠姓名

今存伽藍記最古最佳的版本是如隱堂本，作者題曰：「魏撫軍府司馬楊衒之撰」。衒之生平不見於史傳，生卒年不詳。（註五）

歷代墳籍論及衒之的，也是寥寥可數。伽藍記中衒之略有自述，成爲今存了解衒之最可靠最直捷的第一手資料。

伽藍記中作者自稱「衒之」，如：

衒之曰：昔光武受命，冰橋宜於滹水；………（卷一頁十一）（註六）

衒之按：劉澄之山川古今記、戴延之西征記並云太康元年造，此則失之遠矣。………（卷二頁一）

歷代著錄也都稱「衒之」，「衒之」爲作者的名字，絕無可疑。

書中又自稱「楊衒之」：

楊衒之云：崇善之家必有餘慶，積禍之門，殃所畢集。………（卷四頁四）

歷代著錄也多稱姓楊，然而自唐宋即有姓羊及陽兩種歧異。唐劉知幾史道補注篇、宋晁公武郡齋讀書志，都稱「羊衒之」；宋修新唐書藝文志卻說是「陽衒之」。「羊」大概是同音的誤寫；而陽除同音形近外，又因涉下「洛陽伽藍記」「陽」字而訛。應以「楊」爲正，即作者是「楊衒之」。

㈡ 籍貫

衒之的籍貫是那裡呢？在伽藍記中，只知道他是個道地的北方人，而且相當自尊自重，輕視江左齊梁。如云：

歸正里，民間號爲吳人坊。南來投化者，多居其內。……景仁居此以爲恥，遂徙居孝義里。時朝廷方欲招懷荒服，待吳兒甚厚。」（卷二頁十九）

卷二又借楊元愼痛責歸化北魏的蕭衍（梁武帝）主書陳慶之以江左爲正朔的說法，大肆攻訐江左吳人食衣住行、音辭德行之鄙陋卑賤。（詳見卷二頁十九）

衒之屢以江左爲僞，稱僞齊，如：

景明初，僞齊建安王蕭寶寅來降，封會稽公，爲築宅於歸正里。（卷三頁九）

直叫蕭衍姓名，不稱帝號，如：

後蕭衍子西豐侯蕭正德歸降……（卷三頁九）

衒之是生長在北方的漢人，絕無可疑，但到底是中原那個地方的人氏，伽藍記沒有明白

的提示。唐釋道宣廣弘明集說他是北平人。（註七）

按：魏書卷一百六上地形志：

北平郡，孝昌中分中山置，治北平城。

元魏孝明帝孝昌年間，分出中山郡的一部分，設置北平郡，郡治北平城，即在今直隸縣完縣東。

因此，果眞如廣弘明集所說，衒之的籍貫是後魏時的中原北平郡人。

㈢ 行狀

至於衒之一生的行狀，在文獻中也是鳳毛麟角，只能略窺一二。

伽藍記中有三節文字，衒之述及自身的行事，卷一說：

永寧寺，熙平元年靈太后胡氏所立也。……中有九層浮圖一所，架木爲之，舉高九十丈，有剎復高十丈，合去地一千尺。去京師百里，已遙見之。……裝飾畢功，明帝與胡太后共登之。視宮內如掌中，臨京師若家庭，以其見宮中，禁人不聽升。衒之嘗與胡孝世共登之，下臨雲雨，信哉不虛！（頁一）

在這一節文字中，衒之自述他和胡孝世共登永寧寺舉高九十丈，連剎高一千尺的九層浮圖。

關於永寧寺立寺及九層浮圖被焚毀的年月，伽藍記都有明確的記載，永寧寺是在元魏孝明帝熙平元年（即梁武帝天監十五年，公曆五一六年）創建的，浮圖也在這時候興造。至元魏孝武帝永熙三年二月（即梁武帝中大通六年，公曆五三四年）浮圖被火燒毀（註八），前後共十九年，衒之和胡孝世登塔年歲，就在這十九年間。極可能是在熙平元年以後，武泰元年（即梁武帝大通二年，公曆五二八年）胡太后及幼主釗被爾朱榮沈于河以前。

在伽藍記中衒之自述與胡孝世登塔之後，接著有一節文句提及當時達摩禪師雲遊永寧寺、贊美寺觀的情形，說：

時有西域沙門菩提達摩者，波斯國胡人也。起自荒裔，來遊中土，見金盤炫目，光照雲表，寶鐸含風，響出天外，歌詠讚歎，實是神功。自云年一百五十歲，歷涉諸國，靡不周遍，而此寺精麗，閻浮所無也，極物境界，亦未有此。口唱南無，合掌連日。

（卷一頁四）

很顯然的，衒之肯定的記載這位被公認爲中國禪宗初祖的達摩禪師，曾經遊歷永寧寺，而且在自述登塔後，用「時有」二字，似乎衒之曾在雲遊浮圖時，親自會見過達摩。本來我們可由達摩的至魏及圓寂之年，反求衒之登塔的較近的年歲，但可惜的是達摩抵華、至魏及寂滅歲月，諸多傳說，紛歧不一，很難取信。最早寫成達摩傳的唐釋道宣續高僧傳又只說他

「初達宋境南越，末又北度至魏」、「遊化爲務，不測於終」（卷十九），沒有確定年歲記載，無法藉此考定衒之登塔之年。但是如依宋釋道原景德傳燈錄校語所說達摩至洛陽時爲魏孝明帝正光元年（即梁武帝普通元年，公曆四二〇年），逝世時爲魏孝莊帝永安元年，即孝明帝武泰元年公曆五二八，和我們推定衒之登塔之年在熙平元年至武泰元年間的說法完全符合。

就因伽藍記有衒之與達摩可能相見的記載，而續高僧傳又說：

> 磨（按：即達摩）以此法（按：指壁觀、二入四行之法）開化魏土。識眞之士，從奉歸悟，錄其言語，卷流於世。

既然達摩開化魏土，曾有識眞之士，從奉歸悟，衒之又被認爲嘗在永寧寺見到達摩，因此景德傳燈錄便有一段衒之和達摩問答佛乘「祖」及宗旨的對話（卷三），這又是衒之行踪的一種傳聞，未必可信，但所以有這種傳聞，和伽藍記文中的記事和思想有密切關係，涉及衒之的思想問題，請參看筆者另兩篇論文：「楊衒之與禪」、「洛陽伽藍記的思想」，不多贅述。

卷一衒之說及「苗茨碑」時又憶起了自己曾精釋「苗茨」意旨的一段往事：

> 柰林南有石碑一所，魏明帝所立也，題云苗茨之碑。高祖於碑北作苗茨堂。永安中年莊帝馬射於華林園，百官皆來讀碑，疑苗字誤。國子博士李同軌曰：「魏明英才，世

稱三公祖；幹宣其羽翼，但未知本意如何，不得言誤也。」衒之時爲奉朝請，因即釋曰：「以蒿覆之，故言苗茨，何誤之有？眾咸稱善，以爲得其旨歸。」（頁二二）

在皇帝及百官之前，精解魏明帝「苗茨」碑「苗茨」之義，取自「以蒿覆之」，這是衒之極爲榮耀的事，所以特別詳盡的記了下來。

元魏孝明帝武泰元年，胡太后弑帝，立幼主釗，同年爾朱榮起兵入洛陽，沉胡太后及釗于河，立長樂王子攸，是爲孝莊帝，起初的年號「建義」，就在建義元年四月改元永安。永安三年孝莊帝誅爾朱榮，爾朱世隆、爾朱兆破洛陽，孝莊帝被俘，縊死晉陽，永安僅有三年。衒之稱「永安中年」爲奉朝請，當指永安二年（即梁武帝中大通元年，公曆五二九年）。

鮮卑拓跋魏自孝文帝太和十七年（即南齊武帝永明十一年，公曆四九三年）由平城遷都洛陽後，就勵行漢化，推動文治，這對長期在黷武蠻野、無禮無文的諸胡統治下的中原士族，不異是天賜甘霖，絕處逢生，振奮不已。但是只短短的三十六年，孝明帝武泰元年以後，爾朱榮、爾朱世隆、爾朱兆的先後變亂，北魏元氣大傷。至孝武帝永熙三年（五三四）高歡再反叛，孝武帝奔長安，投靠宇文泰。魏分東西：宇文泰控制的是西魏；高歡入洛陽，立孝靜帝，京城從洛陽遷到鄴都，是爲東魏。不論東或西魏，帝柄旁握，魏朝已名存實亡。

洛陽城佛教的盛衰，正和北魏朝廷的治亂共消長。佛教從漢朝傳入中國後，日漸廣被，到了北魏，達於鼎盛。伽藍記中，衒之寫下它的盛況說：

> 自項日感夢，滿月流光，陽明飾豪眉之像，夜台圖紺髮之形，爾來奔競，其風遂廣。至晉永嘉，唯有寺四十二所。逮皇魏受圖，光宅嵩洛，篤信彌繁，法教愈盛。王侯貴臣，棄象馬如脫屣，庶士豪家，捨資財若遺跡。於是昭提櫛比，寶塔駢羅，爭寫天上之姿，競摸山中之影。金刹與靈台比高，廣殿共阿房等壯，豈直木衣綈繡，土被朱紫而已哉？（序頁一）

這種廣立寺塔，足和宮殿齊美的狀大盛況，在衒之的彩筆下，更是有聲有色。但是，永熙兵亂，東魏捨去屢遭兵馬蹂躪的洛陽，遷都鄴城後，僧尼也隨著政治中心的轉移而遷徙，留下的是已遭破壞、乏人管修的空洞寺塔。當衒之在孝靜帝武定五年（即梁武帝大清元年，西魏文帝大統十三年，公曆五四七年），因行役，重覽洛陽，麥秀之感，黍離之悲，使他又哀傷的寫下衰頹的景況：

> 暨永熙多難，皇輿遷鄴，諸寺僧尼，亦與時徙，至武定五年，歲在丁卯，余因行役，重覽洛陽，城郭崩毀，宮室傾覆，寺觀灰燼，廟塔丘墟，墻被蒿艾，巷羅荊棘，野獸穴於荒階，山鳥巢於庭樹。遊兒牧豎，躑躅於九逵，農夫耕稼，芸黍於雙闕。麥秀之感，非獨殷墟；黍離之悲，信哉周室！（序頁一）

早期政教中心的洛陽城，那種壯麗的盛況，已如鏡花水月，只存在記憶裡了，象徵宗教生命的寺觀、廟塔也化作灰燼丘墟，都成了鳥獸及人們遊牧、芸耕的場所，興衰之異，今昔之別，怎能不令衒之油然哀歎！

正由於衒之能親睹盛衰之景，泛起黍离之悲，因此他產生了寫作伽藍記的動機：

京城表裡，凡有一千餘寺。今日寮廓、鐘聲罕聞。恐後世無傳，故撰斯記。然寺數最多，不可遍寫，今之所錄，止大伽藍，其中小者，取其詳世諦事，因而出之。（序頁一）

僅洛陽一城，就有一千多寺的豪華景觀，已成史跡，衒之眼見那種「鐘聲罕聞」的寂寥景象，不禁恐慌起來，擔心「後世無傳」，才義不容辭的爲這些伽藍撰寫傳記。借著對伽藍的憑弔，引發對故國盛衰的哀思。

衒之在序中還謙遜的說：

余才非著述，多有遺漏，後之君子，詳其闕焉。（序頁二）

他自謙沒有著述之才，事實上，伽藍記卻是一部偉大的創作。

依據伽藍記這些衒之的自述資料，可約略的了解衒之活動的年代，歷經元魏孝明帝（熙平至武泰年間）、幼主釗、孝莊帝、節閔帝、孝武帝，至東魏孝靜帝（武定五年以前）。

官場陞遷屢異，處在這多位帝王變遷的元魏時代，除非特殊情況，衒之不可能只在孝莊帝時，出仕過一任奉朝請而已。但伽藍記中除奉朝請一職外，卻沒有其他官銜的記錄。在序中衒之自稱「因行役，重覽洛陽」，這「行役」二字，使我們懷疑他是因公務，帶官兵前往洛陽，但到底做什麼官，就不得而知了。

如隱堂本伽藍記的作者題稱「魏撫軍府司馬楊衒之」，宋陳振孫書錄解題已如此，著錄爲「後魏撫軍司馬楊衒之」。果眞如此，「撫軍府司馬」又是衒之曾出仕過的官職。

綜觀其他有關文獻，隋費長房歷代三寶記，衒之的官銜是「期城郡太守」；唐釋道宣大唐內典錄作「期城郡守」；唐釋道世法苑珠林作「元魏鄴都期城郡守」；據此，衒之又曾做過「期城郡守」。

按：范氏洛陽伽藍記校注言「期城郡」元魏屬襄州，與鄴都不涉，珠林誤。又證衒之爲期城郡太守時當在孝靜帝元象元年（五三八）之前，即作伽藍記之先。（註九）

廣弘明集稱衒之「元魏末爲秘書監」，「見寺宇壯麗，損費金碧；王公相競，侵百姓」，才寫了伽藍記，目的在諷諫「不恤衆庶」。又說衒之後來曾上書排佛，主旨是說釋教虛妄有爲，貪積無厭，並勸立嚴勤，來明辨佛徒眞僞，使佛法可遵，逃兵還歸本役。（註一〇）

這又是間接資料顯示的衒之另一事蹟。

至於衒之眞如釋道宣所說，是個排佛者，或如釋道原所述，是個宗奉佛乘之流，這個問題牽涉較複雜，筆者另有兩篇文章：「楊衒之與禪」、「洛陽伽藍記的思想」論及，在這裡不再細述。

三、成書年代

由上所述，我們得知衒之在武定五年，因行役，重覽洛陽時，才產生了著作伽藍記的動機，但什麼時候才著成呢？伽藍記中雖沒有寫明著成的年歲，但由文句中卻可明確的窺探之，伽藍記著成於魏末的武定年間，決非入齊之作。

其一，伽藍記中，衒之顯以魏人自居，云：

> 逮我孝昌三年，大雨頹橋、柱始埋沒，道北二柱，至今猶存。（卷二頁一）
>
> 靈台東辟雍，是魏武所造者。至我正光中，造明堂於辟雍之西。（卷三頁三）
>
> 綜形貌舉止，甚似昏主。其母告之，令自方便。綜遂歸我聖闕，更改名曰讚，字世務。始爲寶卷追服三年喪。（卷二頁二）

「我孝昌三年」，「我正光中」，「歸我聖闕」：「孝昌」、「正光」都是元魏孝明帝的年號；豫章王蕭綜由梁入魏，除伽藍記外，正史也有明文。衒之在元魏年號前加上「我」字，稱元魏朝廷爲聖闕，前附加「我」字，用字與語氣都確認自己是魏朝的臣民。尤其用「

聖闕」二字更肯定衒之著作伽藍記時決未入齊。

又云：

逮皇魏受圖，光宅嵩洛、篤信彌繁，法教愈盛。（序頁一）

（楊）元愼正色曰……我魏應籙受圖，定鼎嵩洛，五山爲鎭，四海爲家。（卷二頁二十）

至時世隆等廢長廣而立焉。禪文曰：皇帝咨廣陵王恭。自我皇魏之有天下也，累聖開輔，重基衍業，奄有萬邦，光宅四海，故道溢百王，德漸無外。（卷二頁十四）

神龜中，常景爲汭頌，其辭曰……魏籙仰天，玄符握鏡，璽運會昌，龍圖受命，乃睠書軌，永懷寶定。……（卷三頁九）

以上所引四節文字中，第一節衒之自序用「皇魏受圖」，「魏」上加「皇」字，顯示衒之作序時，決在魏世，未曾入齊。第二節「我魏應籙受圖」是衒之直接引述楊元愼的說辭，第三節「自我皇魏之有天下也」是記載長廣王讓位給廣陵王禪文中的詞句，第四節「魏籙仰天」等言辭，是常景汭頌的文句。雖然後三節文句都是衒之引述第二者的說辭及文節而來的，不是自我的表白，但如果衒之眞的入齊後才著成伽藍記的話，相信他在擇取資料時必不會如此顯著的記載下這些「魏籙仰天」、「龍圖受命」、「道溢百代」的詞句。

其二伽藍記屢稱「僞齊」，如：

綜字世務，僞齊昏主寶卷遺腹子也。（卷二頁二）

肅字公懿，琅琊人也，僞齊雍州刺史奐之子也。（卷三頁六）

這裡的「僞齊」是指江南的蕭齊，並非是中原的高齊，但高洋篡魏，國號爲齊，若使衍之果眞由魏入齊，怎敢不避齊諱，在著作上出現「僞齊」字樣？儘管這「僞齊」指向不同，但蕭齊和高齊的「齊」字形音全同，加上「僞」字，卻極易令人產生誤解。而且衒之曾爲魏臣，既已改朝換代，更須小心保全性命才是，怎敢用「僞齊」二字，有指桑罵槐，自興文字獄之嫌。由此更可肯定伽藍記成於魏末，未嘗入齊。

其三是藍伽記中的史事，只記載到武定五年，沒有入齊後事。

又卷三云：

武定四年，大將軍遷石經於鄴。（頁六）

按：遷石經事又見於正史，魏書卷十二孝靜帝本紀：

（武定四年）八月，移洛陽漢魏石經於鄴。

又隋書卷三十二經籍志：

魏正始中，又立三字石經，相承以爲七經正字。後魏之末，神武執政，自洛陽徙于鄴都，行至河陽，値岸崩，遂沒于水，其得至鄴者，不盈大半。

合二史觀之，「武定四年，神武自洛陽遷石經於鄴」，正是伽藍記所說的：「武定四年，大將軍遷石經於鄴」。

「大將軍」，即指「北齊高祖神武皇帝高歡」。歡在魏世，受封爲柱國大將軍，天柱大將軍，所以衒之稱「大將軍」。

武定五年，高歡崩，其子北齊文宣帝高洋簒魏，即位之初的天保年間，追崇高歡爲獻武帝，廟號太祖，到了齊後主天統元年，改封爲神武皇帝，廟號高祖。（註一一）因此，魏書稱高歡爲獻武、而北齊書，北史都稱做神武。而衒之卻仍用「大將軍」的稱呼，顯然是衒之撰寫伽藍記時，根本未入齊，所以不知道高歡有獻武等的封號；否則，身爲齊臣，衒之必不得不用帝號。

綜觀以上所說，伽藍記的著成時代當在武定五年後的元魏之末，未入齊世。武定八年（即梁簡文帝大寶元年，西魏文帝大統十六年，公曆五五〇年），高洋廢孝靜帝爲中山王，齊興魏亡。因此，伽藍記的成書年代可肯定爲東魏孝靜帝武定五年（公曆五四七）至武定八年（公曆五五〇）之間。

（原刊於國立中央大學文學院刊第一期）

【附註】

註一 可參考范氏洛陽伽藍記校注附編二歷代著錄及序跋題識（華正書局）

註二 隋書、新舊唐志、四庫提要等均如此，可參考范氏校注附編二。

註三 新唐書藝文志歸入子錄道家類，鄭樵通志藝文略歸入釋家類。

註四 翻譯名義集六十四寺塔壇幢：「僧伽藍，譯爲衆園。僧史略云爲衆人園圃。園圃，生殖之所，佛弟子則生殖道芽聖果也。

佛學大辭典：「伽藍，僧伽藍摩（Samg-hãrama）之略，譯曰衆園，爲僧衆所住之園庭，寺院之通稱也。」又「僧伽藍摩（Samg-hahãma），又作僧伽羅磨，略曰僧伽藍、伽藍等。譯曰衆園，僧衆所住之園林也。」玄應音義一曰「僧伽藍，舊譯云村，此應訛也。正言僧伽羅磨，此云衆園也。」

註五 嚴可均全北齊文楊衒之小傳稱「齊天保中卒」，天保是齊文宣帝高洋篡魏後的第一個年號，共十年（公曆五五〇至五五九）。全北齊文之說不知根據什麼，恐怕也是推測之辭。

註六 據藝文印書館影印四庫善本叢書。

註七 見唐釋道宣廣弘明集六敍列代王臣滯惑解。

註八 伽藍記卷一頁十二：「永熙三年二月浮圖爲火所燒。」

註九 參閱范氏洛陽伽藍記校注附編一查衒之傳略。

註一〇　見卷六敘列代王臣滯惑解。又全北齊文、釋文紀都收有衒之上奏之文。

註一一　如隱堂本作潁，各本皆作鄴。元河南志，說鄴亦作鄴，范氏校注從正作鄴，見洛陽伽藍記校注。

註一二　參閱北齊書、北史神武帝紀。

釋商君書並論其眞僞

一、商君書釋名

甲、商君　商君書　商子

今本四部叢刊「商子」與四部備要「商君書」乃同屬一書，舊題商鞅撰，爲先秦法家思想之重要文獻。

韓非子卷十九五蠹第四十九曰：

今境内之民皆言治，藏商管之法者家有之，而國愈貧，言耕者衆，執耒者寡也。

案：所謂「商管之法」者殆即指商鞅，管仲之著作而言。

又韓非子卷五南面第十八曰：

人主者，明能知治，嚴必行之，故雖拂於民心，立其治。說在商君之内外。

案：今本商君書無内外篇，而有外內篇第二十二。外內篇所論，顯爲「人主者……立其治」之說明（詳見第二章外內篇分析），是以竊疑韓非子「說在商君之內外」之「商君」已爲書名；則漢書藝文志「商君」之書名由來已久矣（若以商君爲人名，非書名，於義亦可通，故「商君」書名是否起戰國之末，有待於進一步查證）。

史記卷六十八商君列傳：

太史公曰：余嘗讀商君開塞耕戰書，與其人行事相類。

案：太史公所謂「商君」可能指人名而言，「開塞」，「耕戰」（即商君書「農戰」）爲商君書二篇名。

漢書卷三十藝文志十諸子略法家著錄「商君二十九篇」乃「商君書」（或商子）原名爲「商君」最可靠之較早資料。

三國以後始加「書」字，稱「商君書」。三國志卷三十二蜀書先主傳第二裴松之註：

諸葛亮集載先主遺詔敕後主曰：「……可讀漢書、禮記、閒暇歷觀諸子及六韜、商君書，益人意智……」

隋、唐仍稱商君書。唐魏徵等撰隋書卷三十四經籍志第二十九子部法家類著錄「商君書五卷」；又史記卷五十八商君列傳唐司馬貞索隱註「開塞」、「耕戰」亦稱「商君書」。然唐魏徵等撰羣書治要卷三十六稱「商君子」，「商子」之名即由此轉稱。

五代以後始有「商子」之名。五代後晉劉昫等撰舊唐書卷四十七經籍志第二十七丙部子錄法家類著錄「商子五卷」。

宋代以後雖猶有稱「商君書」者，然已多用「商子」之名。宋歐陽修等撰新唐書，卷五十九藝文志四十九丙部子錄法家著錄「商君書五卷」，自注云：「商鞅，或作商子」。又宋王堯臣等撰崇文總目卷三十六法家類：「商子五卷，商鞅撰。」自注云：「按通志略作商君書。」（案：「通志略」指宋鄭樵通志略藝文略）。又宋晁公武郡齋讀書志陳振孫直齋書錄解題作「商子」。

元托克托監修宋史，卷二百五藝文志第一百五十八子類法家稱爲「商子」。

明宋濂諸子辨，四明范欽天一閣刊本皆稱「商子」。

清四庫全書稱「商子」。嚴萬里校正商子始復稱「商君書」。嚴氏校本總目後案語曰：

案隋唐志及唐代註釋家徵引，並作商君書，不曰商子，今復其舊稱。

案：嚴氏謂隋唐志並作商君書，誤。舊唐志已稱「商子」；新唐志雖稱「商君書」，亦自注曰：「……或作商子」。

自此，「商君書」又復通行。民國以後，四部叢刊縮印范欽天一閣刊本稱「商子」；四部備要據嚴校本校刊，稱「商君書」。而註釋家多採「商君書」。朱師轍「商君書解詁」，王時潤「商君書斠詮」，簡書「商君書箋正」，陳啓天先生「商君書校釋」，並稱「商君書」。

乙、篇數、卷數

漢書藝文志「商君二十九篇」，不分卷數。隋書經籍志「商君書五卷」，不錄篇數。自此以後，羣志皆作五卷，不言篇數。可知唐以後曾將商君書重加編次，分出卷數，至今沿用。

隋唐篇數無可確考。唐魏徵等編羣書治要節錄「商君子」數篇，於「權修」篇前節錄「六法」一篇，爲今存二十四篇所無者。竊疑唐初尚存全本。

北宋末南宋初已知亡佚三篇。

宋鄭樵通志略卷四十四藝文第六諸子類法家：

商君書五卷，自注云：「秦相衛鞅撰，漢有十九篇（案所見諸本皆作十九篇，當作二十九），今亡三篇。」

宋晁公武郡齋讀書志卷十一法家：

商子五卷，自注云：「……所著本二十九篇，今亡三篇。」

案：鄭樵生於宋徽宗崇寧元年，卒於宋高宗紹興三十年，爲北宋末南宋初人；而晁氏讀書志成於宋高宗紹興二十一年，爲南宋作品。二家說同，皆謂亡三篇，即僅存二十六篇。宋末又亡一篇，存二十五篇。明初同。

宋陳振孫直齋書錄解題卷十法家：

商子五卷，自注云：「秦相衛公孫鞅撰，或稱商君者，其封邑也。漢志二十九篇，今二十六篇，又亡其一。」

案：陳氏所見二十六篇，又亡其一，則但存二十五篇。

明初宋濂諸子辨：

商子五卷……予家藏本二十六篇，其第二十一篇亡。

案：明初宋氏所藏本篇數二十六，亡第二十一，實得二十五篇。

又案：四庫全書總目提要卷一百一子部法家商子下所引陳振孫直齋書錄解題語與前文所引異，是以四庫提要有疑辭。云：

商子五卷，舊題秦商鞅撰，鞅事蹟具史記。鞅封於商，號商君，故漢志稱商君二十九篇。三國志先主傳註亦稱商君書。其稱商子，則自隋志始也。陳振孫書錄解題云：「漢志二十九篇，今二十八篇，已亡其一。」晁公武讀書志則云：「本二十九篇，今亡者三篇。」讀書志成於紹興二十一年，既已闕三篇，書錄解題成於宋末，乃反較晁本多二篇，蓋兩家所錄各據所見之本，故多寡不同歟？

案：四庫提要謂「其稱商子，則自隋志始也」，其說實誤，蓋隋志著錄稱商君書，未稱商子；其稱商子，乃始自舊唐志也。

又案：四庫提要引述陳振孫語，與今本直齋書錄解題所云不同。提要稱「今二十八篇，已亡其二」，而今本書錄解題稱「今二十六篇，又亡其一。」若依據提要，則陳氏所見爲二十八篇，較鄭樵、晁公武所見二十六篇亡三篇者多二篇；若依今本直齋書錄解題，則陳氏所見本與鄭氏、晁氏同爲二十六篇，不同者爲鄭、晁二氏所見二十六篇爲全本，而陳氏所見本已缺其一，實得二十五篇，正與宋濂所藏二十六篇亡其第二十一，實得二十五篇者同。由此推斷，是提要所錄陳氏語「六」誤爲「八」，「又」誤爲「已」，故不得不設疑辭矣。

明四明范欽天一閣藏本篇目自更法至定分凡二十六，然其中第十六刑約但存目而無文，第二十一則篇目及原文皆佚。清四庫本同此。四庫提要云

此本自更法至定分凡二十有六，似即晁氏之本。然其中第十六篇第二十一篇又皆有錄無書，則併非宋本之舊矣。

由此似可推斷明中葉以後「商子」又亡第十六刑約篇文，僅存二十四篇耳。然清西吳嚴萬里校商君書篇目後案語曰：

漢志二十九篇，讀書志今亡者三篇，書錄解題今二十八篇，又亡其一，是宋本實二十六、二十七篇。余得元鐫本，始更法止定分，爲篇二十六，中間亡篇二：第十六、第

二十一，實二十四篇，與今所行范欽本正同。後又得秦四麟本，頗能是正謬誤，最爲善本，其篇次亦同。（見四部備要本商君書總目）

案：據此，則元刻本已缺其二，僅得二十四，如今所傳者然。然宋濂諸子辨自稱所藏本二十六篇，第二十一亡，則宋濂藏本實得二十五篇，第十六刑約尚未亡失。或宋濂所藏本乃宋本，而元刻本已失其二乎？今所見商君書最早者爲明刻本，故未能略作比較；而嚴氏亦未言元鐫本爲何家之刻本，是以無法確斷嚴氏所見元本，是否爲眞元本。故刑約亡於元或明，尚待考。

今通行之四部業刊天一閣本，四部備要據嚴校本校刊本皆篇數自更法至定分二十六，而第十六刑約，第二十一篇亡。

唐魏徵等撰羣書治要，存有商君書六法篇佚文，註釋者或附錄於定分篇後。

丙、商君書舊題商鞅撰

史記卷六十八商君列傳：

商君者，衛之諸庶孼公子也。名鞅，姓公孫氏……衛鞅既破魏還，秦封之於商十五邑，號爲商君。商君相秦十年……

漢書藝文志著錄「商君二十九篇，自注云：『名鞅，姬姓，衛後也。相秦孝公，有列傳。』」

其後羣志著錄作者，稱「秦相衛鞅（隋書經籍志）」，「商鞅（新舊唐志）」，「衛公孫鞅（宋史藝文志）」等，皆同指商君而言。至四庫提要以商子疑非商君自撰，故題曰：「舊本題秦商鞅撰」。後世遂多作「舊題商鞅撰」。

又案：商鞅生年不可考。依史記與錢穆先秦諸子繫年商鞅考，秦孝公元年（即周顯王七年，西元前三六二年）鞅入秦；三年說孝公變法（即周顯王九年，西元前三六〇年）；六年爲左庶長（即周顯王十二年，西元前三五七年）；七年以後始被信用；十年（即周顯王十五年，西元前三五四年）爲大良造；二十四年見誅（即周顯王三一年，西元前三三八年）。由此可知商鞅由孝公元年至二十四年，共二十四年居於秦。若依商君書舊題作者「商鞅」，則商君書當作於孝公元年前後（西元前三六二左右）至二十四年間（西元前三三八）之間，即爲戰國前期之著作。

丁、法家商君書與兵家公孫鞅非同一書

漢書卷三十藝文志十所著錄之商鞅作品有二：

1. 諸子略法家：「商君二十九篇。」

2. 兵書略兵權謀類：「公孫鞅二十七篇。」

漢書藝文志序曰：

……成帝時以書頗散亡，使謁者陳農求遺書於天下。詔光祿大夫劉向校經傳諸子詩賦，步兵校尉任宏校兵書，太史令尹咸校數術，侍醫李柱國校方技。每一書已，向輒條其篇目，撮其指意，錄而奏之。會向卒，哀帝復使向子侍中奉車都尉歆卒父業。歆於是總羣書而奏其七略……今刪其要，以備篇籍。

由此可知諸子略法家「商君」爲劉向所編校者，而兵書略兵權謀「公孫鞅」爲任宏所編校。今商君書但存二十四篇，而「公孫鞅」已全佚。

法家「商君書」與兵權謀家「公孫鞅」，或以爲乃不同之書，如顧實漢書藝文志講疏即採此說；或以爲實爲一書互見，僅篇目多寡，微有不同耳，如王時潤商君書斠詮即採此說。

陳啓天先生商鞅評傳曰：

原來法家的商君是由劉向校定；兵權家的公孫鞅是由任宏校定。兩人所取篇數既不同，內容當亦有所不同，故以顧說爲是。（第二章商君書的考證頁一〇九）

案：韓非子卷十九五蠹第四十九曰「藏商管之法者家有之」；且商鞅任法屢爲先秦典籍所稱道。

又荀子議兵篇第十五（卷十）曰：

故齊之田單、楚之莊蹻、秦之衛鞅、燕之繆蟣，是皆世俗之所謂善用兵者也。

商鞅既精通法治及兵術，則其生前必有推行法治並論述兵術之言論及著作。其死後，後人又加以追述推衍，至劉向則採與法治關係較密切者編爲一書，而任宏則採與兵術關係較密切者編爲一書。然「治爲兵本」，而平日爲政，首在教民農戰，故言法治者或涉及兵術，言兵術者或涉及法治，是以劉向與任宏所集之「商君書」、「公孫鞅」二書，當互有同異，然並非一書互見，而實爲二書。

二、各篇要旨及作者考證

甲、歷代商君書眞僞辨之大要

商君書由漢至宋以前無疑其非商鞅撰者，至宋黃震始疑之。黃氏日鈔五十曰：

商子者，公孫鞅之書也。始於墾草，督民耕戰。其文繁碎，不可以句。至今千載之下，猶爲心目紊亂，況當時身被其禍者乎！………或疑鞅亦法吏之有才者，其書不應繁亂至此，眞僞殆未可知。

案：商君書竄亂脫誤者頗多，且清代以前又無校註者，故不易讀乃勢所難免。

馬端臨文獻通考卷二百十二經籍考三十九子部法家引周氏涉筆曰：

商鞅書亦多附會後事，擬取他辭，本非所論著也。其精確切要處，史記列傳包括已盡。

今所存大抵汎濫淫辭，無足觀者。……此書專以誘督戰爲根本。今云：「使商無得糴，農無得糶……」夫積而不糶，則耕者困矣，力田者何利哉？……凡史記所不載，往往爲書者所附會，而未嘗通行者也。秦方興時，朝廷官爵，豈有以貨財取者，而賣權者以求貨，下官者以冀遷，豈孝公前事邪？

明宋濂諸子辨著錄商子五卷，然確信爲商鞅作，曰：

鞅好刑名之學，秦孝公用之，遂致富強；後卒以反誅。今觀其術，以勸耕督戰爲先務，墾草之令，農戰之法，至嚴至峻也。然不貴學問以愚民，不令豪傑學詩、書；其毒流之嬴政，遂大焚詩書百家語以愚天下黔首。鞅實啓之，非特李斯過也。議者不是之察，尚摘其「商農無得糴、貴酒肉，重租」之語以爲疵病，是猶舍人殺敓之罪，而問其不冠以見人，果何可哉？

案：議者指周氏涉筆。又胡應麟四部正譌未收商子。

清代以後，疑商君書非商鞅作者，如四庫全書總目提要曰：

今考史記稱秦孝公卒，太子立，公子虔之徒告鞅欲反，惠王乃車裂鞅以殉，則孝公卒後，鞅即逃死不暇，安得著書？如爲平日所著，則必在孝公之世，又安得開卷第一篇即稱孝公之謚？殆法家者流掇商餘論以成是編。

而孫星衍商子校本敘則信爲商鞅撰，曰：

三代諸子之書出於手撰，未經竄亂者惟此書及晏子、孫子、老莊、墨子、韓非數種。商子書中屢稱臣，竊以爲臣之所謂云云，蓋此二十九篇是見秦孝公所上書……後人以其前有更法一篇，疑爲編次者襲史記之文，謂其非先秦書。然商子所引郭偃之法云云，史記略而不載，餘文亦多節減者，證知史記用商子，非商子引史記矣。蓋由商子既死，爲其學者哀其師而次其文，紀以遇合始末于卷端，如今世之序錄者，不得以此疑其非古書也。

民國以後，疑者日衆。如胡適之先生中國古代哲學史舉徠民篇三項商鞅死後事，以爲「商君書是假書」；黃雲眉古今僞書考補證則以定分篇「年月日時」及徠民篇「長平之役」疑商君書爲僞託於漢史記之後；劉汝霖周秦諸子考雖未全視爲僞撰，亦疑數篇；羅根澤商君書探源則斷其成於戰國之末，作於秦人或客卿爲秦謀者之手。

至於以商君書爲眞書者，如呂思勉經子解題商君書曰：

今商君書精義，雖不逮管韓之多，然要爲古書，非僞撰。全書宗旨盡於一民於農戰一語。其中可以考古制及古代社會情形處頗多，亦可貴也。

採折衷者如劉咸炘子疏卷八曰：

今觀其書，大氐更法定分本後人所記；墾令境內或本鞅條上之文；去彊以下諸篇文勢有異而語或複冗，必有徒裔所增衍。然其稱臣者，亦或當時敷奏之詞，而後人記之，不得全謂鞅作，亦不得謂全無鞅作也。（引自商鞅評傳頁一二〇）

陳啓天先生本劉氏之說，遂分析各篇要旨，並考證其作者頗明確。今依其法，重考各篇作者，並隨篇評述各家論點。

乙、各篇要旨及作者考證

一、更　法

本篇乃記述孝公與公孫鞅、甘龍、杜摯論辯變法可行與否之文。所記與史記商君列傳相合。孫星衍以史記「多節減」，「史記用商子，非商子用史記」，其見解甚確（見前引孫星衍校本敘語）。

然本篇之可疑者爲用「孝公」之謚三次，故四庫提要因此疑商君書爲「殆法家者流掇鞅餘論以成是編。」

案：商君書中稱「孝公」之謚者僅此一篇。史記商君列傳曰：

商君既復入秦，走商邑，與其徒屬發邑兵北出擊鄭。秦發兵攻商君，殺之於鄭黽池。秦惠王車裂商君以殉……

商君爲相十年於秦，則門客徒屬必衆。史記所載，與其徒屬發邑兵擊鄭可證。此篇所記史實極明確，與史記合，是以當爲鞅死後，其徒屬追求鞅餘論之作。

二、墾　令

「墾令」即更法篇末「遂出墾草令」之「墾草令」。

本篇論述二十條使民必農之道。每一條之末皆以「草必墾矣」作結。是以劉咸炘子疏以爲「墾令或本鞅條上之文」。此篇與商鞅重農主義之思想契合；且文亦簡直峻切，又爲條令之文，故從劉說斷爲商君自撰（案：陳啓天先生商鞅評傳第六章商君書的考證亦從劉說）。

三、農　戰

本篇論說人主勸農督戰之術，其要在不貴詩書辯說，抑商賈技巧，使民以農戰得官爵，則國彊主尊。

疑農戰非商鞅自撰者有二：一則文獻通考引周氏涉筆以「秦方興時，朝廷官爵，豈有以貨財取者」，而疑本篇所說「賣權者以求貨，下官者以冀遷」爲「豈孝公前事邪？」陳啓天先生商鞅評傳謂『秦在獻公前「數易君，君臣乖亂」，本無紀綱可說，難保沒有以貨求遷的弊政，即不能斷定孝公前無此事』，已足可釋周氏之疑。

二則陳啓天先生謂本篇所說「國危主憂……人君不能服彊敵，破大國也，則修守備以待外事，然後患可以去」，與秦獻公，孝公時代屢勝魏晉，並對六國用兵取攻勢之史事不合，故斷爲決非商鞅所作；又以『此篇既說「國危主憂」，又說「與諸侯爭權」，也決非漢時作品，大約是商鞅死後，戰國時人推衍商鞅的主張而成』。

案：竊疑本篇係商鞅自撰，其因有三：

一則本篇以賞罰勸農督戰之主張，與史記商君本傳及韓非子所述商君子之主張相合。史記本傳曰：

有軍功者各以卒受上爵，爲私鬬者各以輕重被刑。大小僇力本業耕織，致粟帛多者復其身；事末利及怠而貧者，舉以爲收孥。宗室非有軍功，論不得爲屬籍……

韓非子卷四和氏篇第十三：

商君教秦孝公以連什伍，設告坐之過，燔詩、書而明法令，塞私鬬之請，而尊公家之勞，禁游宦之民而顯耕戰之士。

又韓非子卷十七定法篇第四十三亦曰：

商君之法曰：斬一首者爵一級。欲爲官者，爲五十石之官。斬二首者爵二級，欲爲官者，爲百石之官。官爵之遷與斬首之功相稱也。

史記，韓非所述正與「農戰」篇相合。

二則全篇自「凡人主之所以勸民者，官爵也……」起，皆屬設辭泛論口氣，並非專指秦獻公、孝公而言。是故所謂「賣權者以求貨，下官者以冀遷」、「國危主憂」、「修守備以待外事」皆爲泛論設辭而言，決非專指秦獻公、孝公時事。

三則史記商君列傳：

太史公曰：「余嘗讀商君開塞耕戰書，與其人行事相類。」

今本商君書無「耕戰」篇，有「農戰」篇，「農戰」篇即太史公所說「耕戰」篇。司馬遷於西漢中葉，既已讀此篇，又認其爲商君作，則此篇當可信爲商君之作。

由以上三點說明，可證本篇已無可疑之處，故竊以爲本篇乃商鞅生前申述其農戰主張之論著，屬自撰。

四、去　彊

本篇在申論國彊國弱之理，其要仍歸於去詩書商賈，以賞罰勸農督戰，則國富兵彊。全篇思想與商鞅相合。或數句一組，或數十句一組，自成一理，以明強弱之道，顯爲雜錄性質。竊疑本篇乃商鞅死後，其徒屬就平日商鞅所論國彊國弱之理，各自雜記匯集成篇者。

五、說　民

本篇主旨在說明因民之性情而用輕賞重刑，使勇民死，則國無敵而王。

陳啓天先生商鞅評傳以爲「本篇是闡發告姦法的一篇論著」。然而由「說民」篇全文觀之，並無史記商君列傳所謂「告姦者與斬敵者同賞，匿姦者與降敵同罰」之意。篇中僅「用善則民親其親，任姦則民親其制……故曰：以良民治，必亂至削；以姦民治，必治至彊」一小節說及「姦民」，然仍非論告姦之意，僅在說明以治姦民之法制民，則民必親附其法制之意而已。是以陳啓天先生結論謂「所以我以爲本篇必出於商鞅之手，篇名宜易爲『告姦』。即令不出於商鞅，也足以代表商鞅的思想」則尚有可商榷之處。

本篇「輕賞重刑」之思想確與史記、韓非子等所論商君思想相合，可斷爲商君之作。

六、算　地

本篇要旨在說明爲國之數務在度地，使人民之多寡與土地廣狹相稱；且以重刑止姦，一賞勸功，使民入農出戰。

全篇思想仍不出商鞅「賞罰」、「農戰」之論調。篇中屢稱「世主」、「臣」，乃人臣對君主之奏疏。

陳啓天先生商鞅評傳以篇中有『「數者，臣主之術」、「法術之患」、「失術」、「立術」等道理，似申不害之說。因此不能斷定本篇出於商鞅之手。大約是申商後戰國「法家者流」衍述申商說法，而條陳其國君以求聽用之一篇書。』

案：本篇所謂「數」、「術」（「數」即「術」）是指以名利「入令民以屬農，出令民以討戰」而解，正合乎商鞅思想。先秦所謂法家三派申不害主術，商鞅主法，愼到主勢，僅就其偏重部份立論，非三人皆只知其一，不知其二也。

韓非子卷十七定法第四十三評申不害爲「雖用術於上，法不勤飾於官之患也」；評商鞅曰「商君雖勤飾其法，人臣反用其資……法不（當作雖）勤飾於官，主無術於上之患也」。由此可知申不害亦知法，然「不擅勤其法」而已；商鞅雖使「主無術於上」，而並非全不知術。韓非定法又曰：

今申不害言術，而公孫鞅爲法術者，因任而授官，循名而責實，課群臣之能者也。

「公孫鞅爲法術」與申不害言術對言，可見商鞅既主法，必有其施行法治之術，此術雖不如申不害之完備，亦屬「術」之範圍。是以竊疑本篇爲商鞅生前對秦孝公之奏疏，死後爲後人編入商君書者。

七、開　塞

本篇要旨論說上世中世下世事變行異，故立君行法，不法古，不修今，而以刑多賞少爲立法之要。

對於篇名「開塞」二字之解釋，歷代頗有歧義。

史記商君列傳「太史公曰余嘗讀商君開塞、耕戰書，與其人行事相類」司馬貞史記索隱曰：

『按商君書「開」謂刑嚴峻、則政化開，「塞」謂布恩賞則政化塞。』

晁公武郡齋讀書志曰：

索隱曰……今考其書，司馬貞蓋未嘗見之，妄爲之說耳。開塞乃其第七篇，謂「道塞久矣，今欲開之，必刑九賞一。刑用於將過，則大邪不生，賞施於告姦，則細過不失。大邪不生，細過不失，則國治矣」……

案：本篇末段曰：

治國刑多而賞少，亂國賞多而刑少。故王者刑九而賞一，削國賞九而刑一……去姦之本，莫深於嚴刑……

司馬貞索隱所釋開塞義乃就篇中大義言，而晁公武則取末義。二說僅各取篇意，非司馬貞未見開塞篇也。

又案：熊公哲先生商君書眞僞辨（國立政治大學報第九期）曰：

其耕戰，開塞兩篇見稱史公。然今商君篇目有農戰，而無耕戰；司馬貞索隱說開塞耕戰之義竟亦不同。史公所讀安知非即兵家別出所謂二十七篇者乎？

熊先生以此論點作爲其斷定商君書「必韓非之徒，非死後，雜取二家（按指韓子，愼子）之言，託諸商君爾」之論據之一。然由以上司馬貞釋「開塞」義與篇意合之解說，則可證熊先生之疑未必可靠。何況司馬貞明言「商君書」，並未言「公孫鞅」，安可據此疑史遷所見爲兵家書邪？

又朱師轍商君書解詁卷二篇目「開塞第七」下注：

塞，隔也。湯武之道不明，故開其塞。

朱氏乃就下文立論：

今世彊國事兼並，弱國務力守。上不及虞夏之時，而下不修湯武，故萬乘莫不戰，千乘莫不守。此道之塞久矣，而世主莫之能廢也（案陳啓天先生商君書校釋以私意改「廢」字爲「開」，非是）。故三代不四。非明主莫有能聽也，今日願啓之以效。

竊以爲朱氏誤解此段文意，故不得不釋「莫之能廢」之「廢」爲「發」義，而篇旨亦誤。所謂「湯武塞」就上下文意可知，乃湯武王天下之道已因事變行異而塞，然世主又莫之能廢，即不能變以適時之他道，故今願以效（「效」即「法」也，見陳啓天先生校釋）開啓王道。是以陳啓天先生商鞅評傳釋「開塞」曰：『開，謂使知世事變而行道應異。「開塞」即是啓發閉塞的意思……』，爲較確切者。本篇思想與商鞅完全相合，無任何可疑之處，而太史公又以爲商君之書，故今定爲商鞅自撰，乃商君生前政治主張之論著。

八、壹　言

本篇要旨在說明治國之道在治法明、國務壹，事本摶（按「摶」即「壹」——「專一」義）；而立法化俗之道在不用辯說私鬪，以刑賞之用，使民壹於農戰。

壹言篇思想與商君相符，今斷爲其作。

九、錯　法

本篇要旨說明錯法、舉事、行賞三者爲治之本，而其要則在於明刑賞之道。首句即自稱「臣」乃爲一篇奏疏，其思想與商鞅相合。然篇中提及「烏獲」，而見疑於後世。烏獲生卒年無可考，僅知爲秦武王時人。史記秦本紀：

武王有力、好戲士、任鄙、烏獲、孟說皆至大官。

秦武王薨，距商君死約二十九年，烏獲貴顯於武王之世，恐未必爲商鞅所聞見；即令商鞅生前，烏獲已爲力士，然尚未貴達，亦恐商鞅不比之於離朱。是以本篇可能爲戰國後期「法家者流」追論鞅之奏疏，略有增删而成者。

十、戰　法

本篇要旨首論戰爭必本於政勝，而王者之政使民怯於私鬪，勇於寇戰，則民習以力攻難；

其次申論戰爭勝敗之道。

十一、立　本

本篇要旨在於論說治爲兵本之理。兵未起時，於境內錯法，使民俗養成，用具齊備，然後兵出因勢制敵必彊。

十二、兵　守

本篇要旨說明兵守城之道，論四戰之國守戰之理甚備。

以上三篇乃商君書中顯著論及用兵之法者。荀子議兵篇曰：

故齊之田單，楚之莊蹻、秦之衛鞅，燕之繆蟣，是皆世俗之所謂善用兵者也。（荀子集解卷十議兵第十五）

此三篇正爲商鞅「善用兵」之證。竊疑皆爲商鞅生前之論著。其中「兵守」一篇，備論四戰之國守戰之道。據史記商君列傳公孫鞅曾事魏相公叔座，以魏惠王不能用，始入秦。據錢穆先秦諸子繫年商鞅考（頁二二七至二三〇），商鞅於秦孝公元年入秦，孝公二十四年見誅，其壽殆過五十，而未及六十，則商鞅當在三十歲左右以前事魏，是以竊疑本篇乃商鞅事魏時之少作。

十三、靳　令

本篇要旨大體說明以法令止姦，以重刑少賞勸農戰之理。

本篇見疑於後世者有三：

一則末段思想與本篇前後及全書思想不合。末段曰：

> 聖君知物之要，故其治民有至要。故執賞罰以壹輔仁者，心之續也。聖君獨有之，故能述仁義於天下。

而前段曰：

> 六蝨曰禮樂、曰詩書、曰修善、曰孝弟、曰誠信、曰貞廉、曰仁義、曰非兵、曰羞戰
> 一國有十二者，上無使農戰，必貧至削。

前後彼此矛盾，且商君書全書亦屢破仁義，故末段顯爲後人所附加。

二則「靳令」篇中語句或與「去彊」、「說民」兩篇重出。

與去彊篇重出者如靳令篇曰：

> 國貧而務戰，毒生於敵，無六蝨必彊。國富而不戰，偷生於內，有六蝨必弱。

而去彊篇曰：

> 國彊而不戰，毒輸於內，禮樂蝨官生必削；國遂戰，毒輸於敵國，無禮樂蝨官必彊。

二者意同而文字略異。

又與說民篇重出者，如靳令篇曰：

> 重罰少賞，上愛民，民死上。

而說民篇曰：

> 爵尊，上愛民；刑威，民死上。

二者亦意同而文字略異。

三則韓非卷二十飭令第五十三與「靳令」篇同者十分之九。嚴萬里校曰：

> 靳，秦本作飭。（案：「秦本」指秦四麟本）

就兩篇對照觀之，或文字意義全同者，如『任功則民少言，任善則民多言』；或意義同而文字略異者，如靳令『法已定矣，不以善言害法』，飭令「害」字作「售」字；或意義同而文字差別大者，如「厚祿以自伐」，飭令作『厚祿以周術』。就大體而言，商君書較繁，而韓非飭令較簡。如「飭令」在「以刑治，以賞戰」下即接「厚祿以周術」。而靳令篇尚有「求過不求善……尊爵」一段文字。

別有顯著差異者，爲韓非「飭令」十分之九見於商君書「勒令」，而「靳令」則有十分之三未見於韓非「飭令」，即「靳令」論六蝨及全篇末段爲韓非所無。

對於「靳令」與「飭令」雷同之因，近人有二說。簡書商君書箋正以『韓書純近眞及韓非體例謹嚴，自作之與述古界限非常清白』故斷爲『韓既自作，則商君書之所以與非雷同者，其由於後世集述，誤入韓文可知矣。』而羅根澤商君書探源則以『「靳令」篇部分爲韓非「飭令」所無者，於靳令篇中無筱置之蹟，故疑韓非子襲此，非此襲韓非子。』

案：容肇祖「韓非的著作考」置「飭令」篇於「是否非文，疑未能定，而又無充分證據者」之列。由商君書觀之，除末段爲後人附加外，前面思想皆與商鞅相合；與「去彊」、「說民」重出，亦顯非抄襲者。政治主張如此，則見於各篇者亦或相同；即如去彊、說民亦有雷同者，而商君書其他各篇論「刑賞」、「農戰」者亦往往相似，故與去彊、說民重出，不得據爲辨別眞僞之論斷。是以「靳令」篇末必產生在「飭令」之後。竊疑本篇爲商鞅自撰，而經後人竄改附益者。

十四、修　權

本篇要旨說明「法」、「信」、「權」爲治道大要；而修法之道在「不以私害法」，修信之道在「民信其賞」，修權之道在「權制獨斷於君」。

修權篇思想與商鞅任法、立信、集權之主張完全相附，字裡行間亦無可疑之處。竊疑此篇乃商鞅之遺作也。

十五、徠　民

本篇要旨說明秦地大人稀，而三晉地狹民衆，故以復（免稅）之法，招來三晉之民。使新民耕於內，秦民戰於外，爲富彊兩成之道。

徠民篇屢自稱「臣」，對稱「王」，並稱「秦」，可知乃秦臣上呈秦王之奏疏。

胡適之先生曰：

今世所傳商君書二十四篇，乃是商君死後的人所假造的書。如徠民篇說「自魏襄以來，三晉之亡於秦者不可勝數也。」魏襄王死在西曆前二九六年，商君已死四十二年，如何能知他的謚法呢？徠民篇又稱「長平之勝」，此事在前二六〇年，商君已死七十八年了。篇中又屢稱秦王，秦稱王在商君死後十餘年。此皆可證商君書是假書。商君是一個實行的政治家，沒有法理學的書。（中國古代哲學史三古代哲學的終局第二章㈢商鞅與商君書）

案：胡適之先生所提之三論證，一則稱魏襄之諡號，則著書時，魏襄已卒。據史記卷十五六國年表魏襄王卒於周愼靚王二年，即西元前三一九年，距鞅之卒二十年；然據古本竹書紀年輯校，則魏惠王三十六年後改元，又經十六年始卒，而六國年表所列魏襄王十六年實爲魏惠王後元十六年，而襄王後之魏哀王二十三年，始爲襄王即位之二十三年。故史記年表魏哀王卒年，當爲魏襄王卒年，即卒於周赧王十九年，西元前二九六年，距商君卒（西元前三三八）已四十三年。

又長平之戰，據史記卷五秦本紀『（昭襄王）四十七年……秦使武安君白起擊，大破趙於長平……』。昭襄王四十七年，即周赧王五十五年，當西元前二六〇年，距商鞅之死七十九年。

又秦始稱王在秦惠文王十三年，周顯王四十四年，西元前三二五年，距商鞅之卒十四年。

除以上三疑點外，尚有可論者二：

一則篇中曰：

周軍之勝，華軍之勝，秦斬首而東之，東之無益亦明矣。

案：「周軍之勝，史記、戰國策秦策皆不載。而華軍之勝蓋指華陽之戰。史記卷五秦本紀：

（昭襄王）三十三年，胡傷攻魏卷，蔡陽、長社，取之；擊芒卯華陽，破之，斬首十五萬。」

昭襄王三十三年，即周赧王四十一年，西元前二七四年，去商鞅之死六十五年。

二則徠民篇曰：

天下有不服之國，則王以春圍其農，夏食其食，秋取其刈，冬陳其實。以大武搖其本，以廣文安其嗣。

俞樾諸子平議商子曰：

商君所說，即本周書之文，故曰以大武搖其本也。又曰以廣文安其嗣，今周書無廣文篇，而文傳篇曰「文王受命之九年，時維暮春在鄗，召太子發曰：『嗚呼，我身老矣。吾語汝：我所保與我所守，傳之子孫。』」然則所謂以廣文安其嗣者，豈即此篇乎？

案：逸周書卷二大武篇第八曰：

四時，一春違其農，二夏食其穀，三秋取刈，四冬凍其葆。

周書大武篇與徠民篇顯然相似，徠民篇已引及周書文句，則若能確斷大武篇成書年代，則可據以考定徠民篇之最早成書年代。然逸周書若干篇眞贋參半（梁啓超中國歷史研究法語），是以大武篇與徠民篇成書先後及較可信著作年代，則尚有待於進一步探究。

由以上論點觀之，徠民篇決非商鞅自撰，且其成書年代必在長平戰後，即秦昭襄王四十七年，周赧王五十五年，西元前二六〇年之後，大約爲戰國末年，「法家者流」之作；以與商鞅農戰思想契合，遂一併被收入於商君書中。

十六、刑　約

刑約但存篇目，而原文佚。

十七、賞　刑

本篇要旨說明壹賞、壹刑、壹教爲國治之道。壹賞於兵，則兵彊；刑無等級，則令行；壹教，使民知富貴之門，戰而已。

賞刑篇思想與商鞅重刑賞之主張相符，文中亦無可疑之處，竊疑爲商鞅之遺著。

十八、畫　策

本篇首論時變政異，故今世必以戰去戰，以殺去殺，以刑去刑，且不貴義而貴法，使民壹於戰。文中思想大體與商君以刑壹民於戰之主張同。

然篇中有「明主所舉必賢，則法可在賢」、「所謂義者，爲人臣忠、爲人子孝、少長有禮，男女有別—此乃有法之常也」兩小段，似與商鞅任法不任賢及刑義完全相反之論調不同。

又陳啓天先生商鞅評傳又附加「文義在全書中最爲明暢」爲證據，而斷『本篇或不是出於商鞅，而是「法家者流掇鞅餘論以成」，又稍雜以他意』。今從其說，定爲戰國後期法家者流之作。

十九、境　內

本篇說明使境內之民皆有戶籍，並論軍爵、軍政、獄法及攻城之道。

全篇似由一條一條法令匯成者，故劉咸炘子疏曰：『境內或本鞅條上之文』（引自商鞅評傳）；陳啓天先生商鞅評傳更申之曰：

因此我疑本篇是商鞅所行法令殘留下來的一部分。經年過久，脫誤最多。（頁一三二）

今採劉、陳二家之說，斷爲鞅撰。

二十、弱　民

本篇要旨說明民弱國彊，故有道者務在弱民；明主使民，用必加於功，賞必盡其勞。弱民篇刑賞、耕戰、明法之思想雖頗與商君相符，然其中可疑者有四：

一則文中稱及「烏獲」，「烏獲」爲秦武王時力士，距鞅死二十九年。

二則文中曰『秦師至鄢郢，舉若振槁，唐蔑死於垂沙，莊蹻發於內，楚分爲五。』史記卷五秦本紀：

（昭襄王）二十八年，大良造白起攻楚，取鄢，郢，赦罪人遷之。二十九年，大良造白起攻楚，取郢爲南郡。

昭襄王二十八年爲周赧王三十七年，當西元前二七八。距鞅之死已六十年。

三則本篇文句有與去彊篇重出者。如弱民篇曰：

農商官三者，國之常官也。農闢地，商致民，官治民，三官生蝨六，曰歲、曰食、曰美、曰好、曰志、曰行，六者有樸……

而去彊篇曰：

農商官三者，國之常官也。三官者生蝨官者六，曰歲、曰食、曰美、曰好、曰志、曰行。六者有樸……

四則弱民篇「楚國之民齊疾而均……此無法之所生也」一段與荀子卷十議兵篇第十五「楚人鮫革犀兕以爲甲……其所以統之者，非其道故也」一段大致相同。

案：「弱民」篇與荀子議兵篇雷同者，尙無確切之證據論斷「弱民」篇必出於荀子之後，乃抄襲而來者，然由首二證據已足證弱民篇決非商鞅自作，乃戰國後期「法家者流」推衍商鞅思想而成者，若能確斷「弱民」出於荀子之後，則成篇之年代必在荀子後，戰國末秦漢之初也。此猶待考。

二十一、篇名、篇文皆佚

二十二、外　內

本篇要旨說明民之外事，莫難於戰，故必以賞罰使之戰；民之內事，莫苦於農，故必貴食抑商，使民勤於農。終結至「邊利盡歸於兵，市利盡歸於農」則兵彊農富。

本篇思想完全與商鞅農戰主張一致。且韓非卷五南面篇第十八：

凡人難變古者，憚易民之安也。夫不變古者襲亂之跡。適民心者，恣姦之行也。民愚而不知亂，上儒而不能更，是治之失也。人主者，明能知治，嚴必刑之，故雖拂於民心，立其治，說在商君之內外。

商君書無內外篇，有外內篇。外內篇曰：

民之外事，莫難於戰，故輕法不可以使之……故欲戰其民者，必以重法——賞則必多，威則必嚴……民之內事，莫苦於農，故輕治不可以使之……故曰欲農富其國者，境內之食必貴，而不農之徵必多，市利之租必重，則民不得無田……

外內篇之旨意正爲韓非南面篇「人主者明能知治，嚴必行之，故雖拂於民心，立其治」之詳細說明，故韓非曰：「說在商君之內外」，「內外」，「外內」實倒文而已。陳啓天先生商鞅評傳以外內篇末段提及「邊利盡歸於兵」，而認爲戰國以「邊利」爲兵事用語者少，至漢有邊患，常有人言邊事。故疑「本篇是西漢法家者流如鼂錯等的作品」。竊以爲本文中「邊利」與「市利」相對，「邊利」乃指境外作戰之利，而「市利」則指境內之利，與「邊患」無涉。

韓非既已言及此篇，竊以爲本篇乃商鞅農戰主張之論著。

二十三、君　臣

本篇要旨說明聖人別君臣上下之義，必明法治於天下，緣法而治，按功而賞，不任談說，使民壹於農戰。

全篇思想與商君相符，文中自稱「臣」，爲人臣對世君之奏疏，可視商鞅生前之奏議。

二十四、禁　使

本篇要旨說明以賞罰禁非使民之道。

文中自稱「臣」，對稱「人主」，乃爲奏疏之文。陳啓天先生商鞅評傳曰：

草率讀過，文中所謂「勢數」、「恃其勢」、「託其勢」，和「貴勢」等語、好像與愼子所謂「勢」相近。仔細一考，則「別其勢，使其難匿，以便稽驗」，又與申子所謂「術」相近。商鞅曾爲秦相，對於察吏的方法，當有所考究，此篇究爲何人所作，雖難斷定，而就其主旨說，也可視爲商鞅所作，或「法家者流掇鞅餘論以成」。（頁一三四）

案：鞅非不知勢、術者，故本篇可斷爲商君之奏議。

二十五、愼　法

本篇要旨說明賢能者以正結黨之害，故必以法破黨人去言談，並以刑賞驅民耕戰，則霸王可致。全篇思想與商君相符，文中自稱「臣」，可視爲商鞅上孝公之奏疏。

二十六、定　分

本篇記述孝公詢問公孫鞅關於立法令，使天下吏民皆明知而用，如一而無私之法；公孫鞅回答之主旨在立法令、置法官、行法之吏以爲民師，使天下吏民明白法令，名分既定而不敢枉法。

定分篇稱「公問於公孫鞅曰」，而不稱「孝公」，或秦孝公，顯爲秦人之作；稱「公孫鞅曰」亦似非自作。又本篇非作鞅之疑點如下：

一則文中稱「丞相」。定分篇曰：

天子置三法官……丞相置一法官……

案：史記卷五秦本紀曰：

『（武王）二年，初置丞相，樗里疾，甘茂爲左右丞相。』又據祁陽李俊中國宰相制度一書中之研究曰：

考「相」爲專司之專稱，始於春秋列國……但六國均併於秦，未能自成一制，且與秦之置相相先後——秦武王二年，初置丞相……故丞相之官自秦始，以相名執政之官者亦可謂自秦始。

史記卷十五六國年表，秦武王二年，即周赧王六年（西元前三〇九年），亦載初置丞相事，而商鞅卒於秦孝公二十四年，即周顯王三十一年（西元前三三八年），距秦置丞相，有三十一年之久。是以本篇決非商鞅自撰。

二則篇中曰：

諸官吏及民有問法令之所謂於主法令之吏，皆各以其故所欲問之法令明告之。各爲尺六寸之符，書明年月日時，所問法令之民，以告吏民。

俞樾諸子平議商子：

樾謹按日知錄謂古無一日分十二時之說，自漢以下曆法漸密，於是以一日分爲十二時；不知始於何人，至今不廢。然此時已言年月日時，則六國時已有此說矣。意所謂時者，尚是平旦雞鳴之屬，而非今之所謂十二時歟……

黃雲眉古今僞書考補證據此以爲商君書「安知非僞託於曆法既密，史記既行之後乎？」日知錄卷二十「古無一日分爲十二時」條，所論雖頗有理，然尚未爲定論，況「時」字恐猶非指「十二時」而言。是以黃氏據此遂疑全書，似非確論。

三則文中稱「天下之吏民」、「天子置三官」、「諸侯邦縣皆各爲置一法官及吏，皆比秦一法官」、「郡縣諸侯一受禁宮之法令，並學問所謂」、「故天下之吏民無不知法者」等皆似秦統一後之言論。

四則篇中語句或與愼子之言相似。定分篇曰：

一兔走，百人逐之，非以兔也。夫賣者滿市，而盜不敢取，由名分已定也。故名分未定，堯舜禹湯且皆如鶩焉而逐之；名分已定，貪盜不取。

呂氏春秋卷十七審分覽愼勢曰：

愼子曰：「今一兔走，百人逐之，非一兔足爲百人分也，由未定。由未定，堯且屈力，而況人乎？積兔滿市，行者不顧，非不欲兔也，分已定矣。分已定，人雖鄙不爭，故治天下及國在乎定分而已矣。

案：呂氏春秋所引愼子言與定分篇文句互有異同，詳略，非完全相同者。未必定分篇抄襲愼子也。

綜觀以上諸疑點，二、三、四皆尙非定論，而第一點用「丞相」，則足證本篇非商鞅自作，大約爲戰國末年「法家者流」追述商鞅與孝公論定分之意，加以增損改易，故參入商鞅死後官名。

三、結論

甲、商君書非僞書

所謂僞書，或本無其書，有人撰作，卻不具己名，而爲託古人或其同時代之人，以欺世者；或本有其書，後世亡佚或殘缺，有人僞撰其書，猶託名原作，以欺世者。

綜觀第二章所論各篇要旨及其作者考證，商君書各篇處處表現變法反古、任法治、嚴賞罰、重農戰之思想，正與史記，韓非所論述之商鞅思想及行事完全相符。史遷商君列傳贊曰：

余嘗讀商君開塞、耕戰，與其人行事相類。

以今商君書觀之，則不僅開塞、耕戰耳，其他實存之二十二篇亦多與商君行事相類也。

又今存二十四篇商君書，雖非篇篇皆商鞅自撰者，有鞅死後其徒屬追述者，有戰國晚期「法家者流」推衍者，然其要終歸於衍述任法治、嚴賞罰，重農戰之意旨。早則戰國末年，秦漢之初，晚則西漢之末，劉向之時，將此與商鞅思想相符之篇文，滙聚編次爲一書，名之曰「商君」，非有如前所述有意僞託然。

職是之故，不得以商君書中有鞅死後事，遂斷爲「後人假造」（胡適之先生說），「僞託於史記之後」（黃雲眉說），「韓非之徒，雜取韓子、愼子，託諸商君爾」（熊公哲先生說）等論調，商君書決非僞書，乃爲足以代表商君思想之眞書也。

乙、商君書之作者

商君書二十六篇，實存二十四篇，其作者可歸納爲三：

一、商鞅自撰，計有十七篇：

墾令第二；農戰第三；說民第五；算地第六；開塞第七；壹言第八；戰法第十；立本第十一；兵守第十二；修權第十四；賞刑第十七；境內第十九；外內第二十二；君臣第二十三；禁使第二十四；愼法第二十五；又靳令第十三篇爲鞅自撰而經後人竄改附益者。

二、商鞅之徒屬追述或雜錄鞅餘論者，計有二篇：

更法第一；去彊第四。

三、爲戰國後期「法家者流」掇鞅餘論或發抒法家思想者，計有五篇：

錯法第九；徠民第十五；畫策第十八；弱民第二十；定分第二十六。

丙、商君書之著作與編定年代

商君書著作年代，最早爲商鞅自撰。商鞅生年不詳，卒於秦孝公二十四年，周顯王三十一年，西元前三三八年。商鞅於秦孝公元年，即周顯王七年（西元前三六二年）由魏入秦，商君書中有一篇「兵守」似爲事魏之作。故商鞅自撰十七篇之成篇年代必在於秦孝公元年，周顯王七年，西元前三六二年前後，至秦孝公二十四年，周顯王三十一年，西元前三三八年之間。

其次關於其直接徒屬所作兩篇之年代，當在秦孝公二十四年（西元前三三八年）鞅死後不久。

至於戰國晚年「法家者流」所作五篇之年代，則在秦始皇二十六年（西元前二二一年）統一天下前。

據此則商君書之著作年代，最早爲戰國前期，周顯王七年前後（西元前三六二年左右）。最晚爲戰國晚期，秦始皇二十六年（西元前二二一年）以前。

又關於將各篇匯集編成一書之年代，可確知者爲西漢末年，漢成帝時代（西元前三十二年至西元前七年）劉向所編集。然韓非子曰「藏商管之法者家有之」（卷十九五蠹四十九）及「說在商君之內外」（卷五南面十八），戰國末年，似商鞅書已編次成書，竊以爲戰國末年已有商君書傳世，其篇數，篇次，不必與今本同，書名殆即韓非所謂「商君之內外」之「商君」；或尙有多種不同集本，有不同之書名，皆爲戰國後期法家者流所編纂者。至西漢成帝時，劉向又加以編集校定，而成爲漢書藝文志之「商君二十九篇」。自此之後，歷代雖略有亡佚，然大體仍爲劉向校本之舊。故商君書之確定編成年代當在西漢成帝劉向之時。

（原刊於淡江學報第十二期）

孟子與王陽明的良知說

一、孟子開啓良知說的先聲

現今人人善道的「良知」雖然起於孟子，但是在孟子的學說中，它卻還沒有被認定爲人類道德行爲的指導原則，只是指說仁義善性那種不慮而知的性質罷了。

孟子盡心篇上說：

孟子曰：人之所不學而能者，其良能也；所不慮而知者，其良知也。孩提之童無不知愛其親者；及其長也，無不知敬其兄也。親親，仁也；敬長，義也。無他，達之天下也。

在這段話中，「良知」和「良能」並舉，說明「仁義」是人天生具有的，就「不學而能」言，是「其良能」，就「不慮而知」言，是「其良知」。「良知」已是指那本然知曉仁義的天性，只是在孟子的學說中，還沒有如「性善」說、「四端」說等那樣的獨立成一主要的宗旨。

告子篇上孟子用「牛山之木」作比喻，歸結說：

雖存乎人者，豈無仁義之心哉？其所以放其良心者，亦猶斧斤之於木也。

孟子拿「良心」來稱述「仁義之心」。「良知」既指那知曉仁義的天性，「良心」又就是那「仁義之心」，因此把「良知」推爲「心之本體」是當然的發展了。

試觀下列孟子中的兩段話：

孟子曰：……惻隱之心，仁也；羞惡之心，義也；恭敬之心，禮也；是非之心，智也。

（告子上）

孟子曰：仁之實，事親是也。義之實，從兄是也。智之實，知斯二者弗去是也。……

（離婁上）

告子上「是非之心，智也」和公孫丑上「是非之心，智之端也」意涵相同，原只是「四端」之一，和「良知」沒有直接關係。

離婁上所說的「智之實」，既落在「知斯二者」——知曉仁義的具體表現「事親」和「敬兄」上，而「智」的定義爲「是非之心」，因此本然知曉仁義的「良知」，就可轉成「是非之心」的含意了。

何況，「智」和「知」在古書上常只作個「知」字，明朝王陽明與陸元靜書便說：

孟子云：「是非之心，知也。」「是非之心」，人皆有之，即所謂「良知」也。（嘉靖壬午年書，見王陽全書書錄卷二）

陽明把「是非之心，知也」的「知」，認定爲「良知」，於是「良知」就轉爲「是非之心」的意涵，而成知是知非的「心之本體」了。

二、王陽明體悟良知宗旨

良知說雖由孟子發其端倪，但它的茁壯須等到距孟子將近一千八百年的心學宗祖王陽明守仁確立「良知」宗旨後，才把良知說推展至極盛。

(一)謫居龍場驛，大悟大學「致知」的「知」是孟子的「良知」

在揭出「良知宗旨」以前，陽明曾歷經了曲曲折折的爲學途徑。

少年時代的陽明，豪邁不羈，有經略四方之志，溺於任俠、騎射。孝宗弘治二年（西元一四八九年），陽明十八歲，在廣信謁見理學家婁一齋諒，談論宋儒格物之學，才產生了仰慕聖學之情；但是由於偏讀朱子之書，取竹子格物來尋求眞理，因而致疾，便放棄了做聖人的宏願，改習辭章之學。又轉而學兵法、養生、導引術、神仙，研

究佛老二氏之學，以追索眞道。（參見王陽明全書年譜卷一、明儒學案卷十姚江學案）

弘治十八年（西元一五〇五年），備受爲學歧途之苦後，三十四歲的陽明見到了明朝心學大家陳白沙獻章的弟子湛甘泉若水，相約「以倡明聖學爲事」（年譜卷一語）。自然陽明因此注意到陸象山（九淵）、陳白沙的心學理論。

孟子說：「天將降大任於是人也，必先苦其心志，勞其筋骨」，眞是確切不移的至理名言。就在見湛若水的次年——武宗正德元年（西元一五〇六年），出身仕宦名族，一向被朝廷要人看好的陽明，竟在三十五歲這一年，因上疏挽救戴銑、薄彥徽等，被宦官劉瑾逮捕下獄，廷杖四十，昏絕復醒，貶爲貴州龍場驛丞。三十六歲前往貴州就任，沿途又在困險中脫出了瑾黨的追殺，渡過了想遠遁又恐連累親人，終於勇敢就任的天人交戰心境。

正德三年（西元一五〇八年），陽明三十七歲，困居蠻荒的貴州，遭受物質上精神上的種種折騰，動心忍性，終於中夜大悟格物致知之旨（見年譜卷一）。到底陽明體悟了什麼？

原來禮記大學中說：

欲誠意者，先致其知，致知在格物。格而後知至，知至而后意誠，……此謂知之至也。

四書集註「致知在格物」下，朱子（朱晦翁熹）註說：

致，推極也。知猶識也。推極吾之知識，欲其所知無不盡也。格，至也。物猶事也。

窮至事物之理，欲其極處無不到也。

又朱子認爲「此謂知之至也」句上有闕文，因此替它作補傳說：

所謂致知在格物者，言欲致吾之知，在即物而窮其理也。……

陽明曾屢次遵照朱子「即物窮理」的方法，循序格物，卻始終覺得「物理吾心終判爲二」（明儒學案姚江學案語），因而疑惑難解。到了這時，才澈然了悟，原來「致知」的「知」根本不是朱子所說的「知識」，而是孟子一書中的「良知」！

陽明的弟子錢緒山德洪、王龍谿畿所撰的年譜在正德十三年（西元一五一八年）陽明四十七歲條下，記載陽明刻古本大學時，加按語說：

先生（即陽明）在龍場時，疑朱子大學章句非聖門本旨，手錄古本伏讀精思，始悟聖人之學本簡易明白，其書止爲一篇，原本無經傳之分。「格致」本於「誠意」，原無缺傳可補。以「誠意」爲主，而爲「致知格物」之功，故不必增一「敬」字。以「良知」指示至善之本體，故不必假於見聞。（全書年譜卷一）

由此可知陽明「良知」的體識，確是在龍場驛時。

(二)「良知」是「心之本體」，心即理

大學「致知」的「知」是孟子的「良知」，陽明以爲這「良知」是「心之本體」。他說：

「知」是心之本體，心自然會知，見父自然知孝，見兄自然知弟，見孺子入井自然知惻隱，此便是「良知」，不假外求。……然在常人不能無私意障礙，所以須用「致知」、「格物」之功，勝私復理，即心之「良知」更無障礙，得以充塞流行，便是致其知。

（傳習錄上）。

「致知」的「知」不是「知識」，而是「心之體」的「良知」，自然不可向外「即物窮理」，只能反求諸己了。於是大悟「聖人之道，吾性自足，向之求理於事物者誤也。」（年譜卷一語）因而覺察到陸象山、陳白沙主張的心理合一說，是眞切明白的至理，而更進一步確立「心即理」說的論調。陽明說：

「心即理也。天下又有心外之事，心外之理乎？」（傳習錄上）

㈢ **「知行合一」的「知」是「良知」，不是「知識」**

正德四年（西元一五〇九年），陽明三十八歲，開始論示知行合一之教。這個「知」即「良知」，這個「行」是指「致知格物」的道德行爲。「致知」是「致良知」，格物是「正不正以歸於正」（傳習錄上）的意思。世宗嘉靖四年（西元一五二五年）陽明五十四歲時所寫的答顧東僑書便說：

以是而言可以知「致知」之必在於行，而不行之不可以爲「致知」也，明矣。「知行

合一」之體不益較然矣乎？（傳習錄中）

傳習錄上記載正德三年徐愛請教「知行合一」之訓的一段問答：

> 愛曰：「如今人儘有知得父當孝，兄當弟者，卻不能孝，不能弟，便是知與行分明是兩件。」先生曰：「此已被私欲隔斷，不是知行的本體了。未有知而不行者，知而不行，只是未知。……就是稱某人知孝某人知弟，必是其人已曾行孝行弟，方可稱他知孝知弟；不成只是曉得說些孝弟的話，便可稱爲知孝知弟。……」……先生曰：「某嘗說知是行的主意，行是知的工夫，知是行之始，行是知之成。若會得時，只說一箇知已自有行在，只說一箇行已自有知在。」

「良知」知孝知弟是行孝行弟的主意，行孝行弟又是知孝知弟必然產生的工夫，二者緊密合一。如果只懂得說孝說弟，而不能行，那已淪爲「知識」，不是「良知」了。陽明最恐慌的事莫過於把「知」認作「知識」。大學問中便大聲疾呼說：

> 「致知」云者，非若後儒所謂充廣其知識之謂也，致吾心之「良知」焉耳。（全書文錄卷二）

陽明知行合一說和朱子「知先行後」說（朱子語類卷九謂：「論先後，知爲先。」）、「知易行難」說（如僞古文尚書說命中謂：「非知之艱，行之惟艱。」）、 國父「知難行易」說（見孫文學說）的主要差殊在「知」字意涵的不同：前者指「良知」，後者指「知識」。

四 宸濠忠泰之變後，確立「致良知」說

自龍場驛大悟後，至五十歲間，陽明除了談「良知」、「知行合一」外，並隨宜示教。或說「立誠」，正德八年（西元一五一三年），四十二歲，與黃宗賢書說：

僕近時與朋友論學，惟說「立誠」二字。（全書書錄卷一）

或教「存天理去人欲」，年譜卷一正德九年（西元一五一四年）四十三歲條下說：

故南畿論學，只教學者存天理去人欲，爲省察克治實功。（全書）

正德十四、十五年（西元一五一九、一五二〇年）陽明四十八、四十九歲兩年中，平定了宸濠之亂，建立了偉大的事功，卻也招來濠黨太監張忠、許泰的毀謗，遭受「陽明必反」（明史語）的莫大誣告。

陽明又沈入了另一次的「百死千難」（年譜卷一陽明語）中，更加確認「良知」的可貴，是聖門最眞切簡易的行爲準則，而在他五十歲那一年——正德十六年（西元一五二一年），揭出了「致良知」之教。年譜卷一說：

是年先生始揭致良知之教。………自經宸濠忠泰之變，益信「良知」眞足以忘患難出生死，所謂考三王、建天地、質鬼神、俟後聖，無弗同者。乃遺書守益曰：近來信得「

致良知」三字，眞聖門正法眼藏。往年尚疑未盡，今自多事以來，只此「良知」，無不具足。……

按：王陽明全書未收錄辛巳年（正德十六年）如年譜所引內容的「與鄒謙之書」（謙之名守益，號東廓。），而有辛巳年「與楊仕鳴書」說：

區區所論「致知」二字，乃是孔門正法眼藏。於此見得眞的，直是建諸天地而不悖，質諸鬼神而無疑，考諸三王而不謬，百世以俟聖人而不惑。知此者方謂之知道，得此者方謂之有德。異此而學，即謂之異端，離此而說，即謂之邪說。（全書書錄卷二）

又乙酉年（嘉靖四年，西元一五二五年）「與鄒謙之書」說：

近時四方來游之士頗眾，其間雖甚魯鈍，但以「良知」之說略加點撥，無不即有開悟，以是益信得此二字眞吾聖門正法眼藏。（全書書錄卷二）

由上面三段引文，可澈底瞭解不論從宸濠忠泰之變所得的體認，或從以「良知」教示他人所獲的效果，都使陽明更加確信「良知」、「致良知」是孔門的正法；捨此以外，沒有可學可說的了。

從此陽明不再有疑慮，專以「良知」、「致良知」（致知）爲教，他說「除卻『良知』還有甚麼說得！」（見全書書錄卷三丙戌年——嘉靖五年寄鄒謙之第三書），「則知『致知』

之外無餘功矣。」（全書書錄卷二甲申年——嘉靖三年與黃勉之書）。他又曾作詩道：

箇箇人心有仲尼，自將聞見苦遮迷。而今指與眞頭面，只是「良知」更莫疑。（全書詩錄卷三詠良知四首示諸生）

爾身各各自天眞，不用求人更問人；但致良知成德業，謾從故紙費精神。（同上示諸生三首）

三、王陽明建立以「良知」為宗旨，「致知格物」為實功的實踐哲學，來達到「知行合一」的目的

陽明在晚年建立了以「良知」爲宗旨，「致知格物」爲實功的實踐哲學，來達到「知行合一」的目的，使孟子創始以來的「良知」說有了完整的哲理體系。

(一)「良知」是虛靈明覺的「心之本體」

陽明認爲「良知」是虛靈明覺的「心之本體」。答顧東僑書說：

「心者身之主也，而心之虛靈明覺即所謂本然之良知也。」（傳習錄中）

按：陽明時時以「靈」字指示「良知」的性質，如傳習錄上的一段問答說：

惟乾問：「知」如何是「心之本體」？先生曰：「知」是「理之靈處」；就其主宰處

說，便謂之心，就其稟賦處說，便謂之性。孩提之童無不知愛其親，無不知敬其兄，只是這箇「靈」能不爲私欲遮隔，充拓得盡，便完完是他本體，便與天地合德。（按：傳習錄上卷是陽明弟子薛侃當陽明四十七歲時在虔刊行的，見年譜卷一）

又如嘉靖五年，陽明五十五歲，答南元善書說：

「夫惟有道之士，眞有以見其「良知」之昭明靈覺、圓融洞徹，廓然與太虛而同體。」（書錄卷三丙戌年與南元善第一書）

朱子大學格致補傳說：「蓋人心之靈，莫不有知」，雖然陽明採用「知」的意涵和朱子不同，但朱子這句話卻很適合陽明的哲理，很可能「知」（良知）「靈」性的體認，也受有朱子的影響。

(二) 「良知」是知是知非、知善知惡的「是非之心」

這虛靈明覺的「良知」知是知非，知善知惡，即孟子所謂的「是非之心」。

嘉靖六年，陽明五十六歲，率軍征思田，出發前，將大學問授與錢德洪，次年陽明便去世了，這篇文章成爲他晚年的定論。文中對「良知」下定義說：

「良知」者，孟子所謂「是非之心，人皆有之」者也。「是非之心」不待慮而知，不待學而能，是故謂之「良知」。是乃天命之性、吾心之本體自然靈昭明覺者也。（全書

文錄卷一）

這「是非之心」的「良知」，只要見得透澈，便能成爲明辨是非的指南針。陽明說：

這些子（指「良知」）看得透徹，隨他千言萬語是非誠僞，到前便明，合得的便是，合不得的便非，如佛家說「心印」相似，眞是箇試金石、指南針。）（傳習錄下）

由道德行爲來看，是非之分只是善惡之辨。陽明說：

「良知」只是箇「是非之心」；是非只是箇好惡。只好惡就盡了是非，只是非就盡了萬事萬變。（傳習錄下）

於是「良知」便成爲知善知惡的「心之本體」。大學問說：

凡意念之發，吾心之「良知」無有不自知者。其善歟，惟吾心之「良知」自知之；其不善歟，亦惟吾心之「良知」自知之。是皆無所與於他人者也。（全書文錄卷一）

五十六歲那一年，陽明在天泉橋教示錢德洪、王畿的四句宗旨中，便說「知善知惡是良知」。

按：天泉證道記載在年譜卷一及傳習錄下，著名的王門四句教：「無善無惡是心之體，有善有惡是意之動，知善知惡是良知，爲善去惡是格物」即在這時產生。由於把「心之體」認爲「無善無惡」，引起某些儒者的懷疑。黃宗羲明儒學案說：

今之解者曰：「心體無善無惡是性，由是而發之爲有善有惡之意，由是而有分別其善惡之知，由是而有爲善去惡之格物，層層自內而之外，一切皆是粗機，則良知已落後著，非不慮之本然。」（卷十）

梁任公相信四句教出於陽明，他說：

後來劉蕺山、黃梨洲都不信四句教，疑是王龍谿造謠言。我們尊重龍谿人格，實不敢附和此說。況天泉證道時有錢緒山在一塊，這段話採入傳習錄，傳習後錄經緒山手定，有嘉靖丙辰（按：嘉靖三十五年，西元一五五六年）跋語，其時陽明沒已久了（按：陽明去世後第二十九年）。若非師門遺說，緒山如何肯承認？蕺山們所疑者，不過因無善無惡四字。不知善之名對惡而始立，心體既無惡，當然也無善，何足爲疑呢？（王陽明知行合一之教）

梁任公的說法是可信的。其實陽明所說的善惡是指內在行爲——意念發動時的善念惡念，及外在行爲的善事惡事所形成的相對的善惡而言，不是指絕對的善惡。黃宗羲在明儒學案已曾辯解說：

其實無善無惡者，無善念無惡念耳，非謂性無善無惡也。下句意之有善有惡，亦是有善念惡念耳。兩句只完得動靜二字。他日語薛侃曰：「無善無惡者，理之靜，有善有惡者，氣之動。」即此兩句也。（卷十）

在傳習錄下，陽明也曾說：

性之本體原是無善無惡的；發用上也原是可以爲善、可以爲不善的；其流弊也原是一定善、一定惡的。孟子說性，直從源頭上說來，亦是說個大概如此。荀子性惡之說是從流弊上說來，也未可盡說他不是；……

在陽明的哲學體系中，心性是合一的，他曾說：

心之體，性也，性即理也。（傳習錄上）

因此，「性」既原是無善無惡，「心之體」是無善無惡也就不必置疑了。

由此可知，陽明的四句教是極能表達陽明的哲思的。而「良知」說由孟子的「是非之心」，更深一層的說明「知善知惡」的性質，正是陽明在備受人世不明是非、不辨善惡的憂患後所得的體悟。

(三)「良知」的其他闡釋

良知是虛靈明覺的「心之本體」，是「是非之心」，是知善知惡的心體，除此外，由於先儒已創立了許多心性上的名詞，因此陽明常隨宜示教，爲「良知」作種種的說明。

「良知」是「天」，陽明說：

「先天而天弗違」，「天」即「良知」也。「後天而奉天時」，「良知」即「天」也。

（傳習錄下）

「良知」是「天理」，陽明說：

吾心之「良知」即所謂「天理」也。（傳習錄中答顧東僑書）

「天理」即是「良知」，千思萬慮只是要「致良知」。（傳習錄下）

「良知」是「道」，陽明說：

夫「良知」即是「道」。「良知」之在人心，不但聖賢，雖常人亦無不如此。若無有物欲牽蔽，但循著「良知」發用流行將去，即無不是「道」；……（傳習錄下）

「良知」是「誠」，陽明說：

「誠」是實理，只是一箇「良知」。（傳習錄下）

「良知」是「善」，陽明說：

「善」即「良知」。言「良知」則使人尤爲易曉，故區區近有「心之良知是謂聖」之說。（全書書錄卷三答季明德書）

「良知」是「易」，陽明說：

「良知」即是「易」，其爲道也屢遷，變動不居，周流六虛，上下無常，剛柔相易，不可爲典要，惟變所適，此「知」如何捉摸得？（傳習錄下）

「良知」是「明德」的本體，陽明說：

天命之性粹然至善，其靈昭不昧者，此其至善之發現，是乃「明德」之本體，而即所謂「良知」者也。（全書文錄卷一大學問）

「良知」是「造化」的「精靈」，陽明說：

「良知」是「造化」的「精靈」，這些「精靈」，生天生地，成鬼成帝，皆從此出，……（傳習錄下）

「良知」是未發之中，是廓然大公、寂然不動之本體，陽明說：

「性」無不善，「知」無不良。「良知」即是未發之中，即是廓然大公、寂然不動之本體，人人之所同具者也。（傳習錄中答陸原靜第二書）

雖然「良知」的性質和「天」、「天理」、「道」等相同，但是陽明晚年時卻專以「良知」示教，因爲「良知」最爲眞切簡易，容易明曉，一提便能省覺。他說「言『良知』則使人尤爲易曉」（見上面「良知是善」引文），在寄鄒謙之丙戌年第三書也說：

其近來卻見得「良知」兩字日益眞切簡易，朝夕與朋輩講習，只是發揮此兩字不出。緣此兩字，人人所自有，雖至愚下品，一提便省覺。（全書書錄卷三）

(四)「良知」為人人所同具，永在永明

「良知」，人人所同具，不論古今、聖愚、賢不肖，都有「良知」，永在永明，絕不泯滅。陽明說：

「良知」之在人心，無間於聖愚，天下古今之所同也。（傳習錄中答聶文蔚書）

蓋「良知」之在人心，亙萬古，塞宇宙，而無不同。（傳習錄中答歐陽崇一書）

這「良知」，人人皆有，聖人只是保全無些障蔽，……眾人自孩提之童，莫不完具此「知」，只是障蔽多，然本體之「知」，自難泯息，……（傳習錄下）

故雖小人之爲不善，既已無所不至，然其見君子，則必厭然揜其不善而著其善者，是亦可以見其「良知」之有不容於自昧者也。（全書文錄卷一大學問）

心之本體，無起無不起，雖妄念之發，而「良知」未嘗不在，但人不知存，有時而或放耳；雖昏塞之極，而「良知」未嘗不明，但人不知察，則有時而或蔽耳。（傳習錄中答陸原靜第一書）

「良知」既永在永明，爲什麼會放失會障蔽呢？陽明指出這個罪魁是私欲！因此，必須隨時存察，用「致知」、「格物」的工夫。他說：

只是這個靈（按：指「良知」），能不爲私欲遮隔，充拓得盡，便完全是他本體，便與天地合德。聖人以下，不能無蔽，故須格物以致其知。（傳習錄上）

但在常人多爲物欲牽蔽，不能循得「良知」。（傳習錄中答陸原靜第二書）

> 雖有時而或放，其體實未嘗不在也，存之而已耳；雖有時而或蔽，其體實未嘗不明也，察之而已耳。（同上答陸原靜第一書）

㈤「致知」的實功落在「格物」上

「良知」雖然永在永明，但是即使是「保全無此障蔽」的聖人，也必須用「兢兢業業，亹亹翼翼，……便也是學」（傳習錄下）的工夫，才能「自然不息」（同上），何況是常人呢？這「學」只有「致知」一途，沒有旁道。陽明五十六歲時與馬子莘書中肯定的宣說：

> 「良知」之外更無知，「致知」之外更無學。外「良知」以求知者，邪妄之知矣；外「致知」以爲學者，異端之學也。（全書書錄卷三）

虛靈明覺的「良知」，要保全無蔽，永不停息，不論聖愚，都必須具有「致良知」的行爲，而「致知」的實際工夫正在「格物」上顯現。陽明說：

> 吾教人「致良知」在「格物」上用功，卻是有根本的學問。（傳習錄下）

「致知」、「格物」到底是什麼內容？陽明以「良知」爲基點，對「致知」、「格物」有了完密一貫的體認。答顧東僑書說：

> 若鄙人所謂「致知格物」者，致吾心之良知於事事物物也。吾心之良知，即所謂「天

理」也。致吾心良知之「天理」於事事物物，則事事物物皆得其理矣。致吾心之「良知」者，「致知」也。事事物物皆得其理者，「格物」也。

在大學問中，陽明更積極的用「誠好誠惡」解釋「致知」，「去惡爲善」解釋「格物」。他說：

致者，至也。……「致知」云者，非若後儒所謂充廣其知識之謂也，致吾心之「良知」焉耳。……今於「良知」所知之善惡者，無不誠好而誠惡之，則不自欺其良知而意可誠也已。然欲致其「良知」，亦豈影響恍惚而懸空無實之謂乎？是必實有其事矣，故「致知」必在於「格物」。物者，事也，凡意之所發，必有其事，意所在之事謂之物。格者，正也，正其不正以歸於正之謂也。正其不正，去惡之謂也；歸於正，爲善之謂也。（全書文錄卷一）

「格物」的意涵「去惡爲善」，正和四句宗旨的「爲善去惡是格物」相合。

簡單的說，「致知格物」便是將人類天生秉賦的天理靈昭、善惡明辨的「良知」，推拓到事事物物上——即人生內在外在的行爲上，作爲事事物物的準繩，「良知」判斷爲不善的，立刻克治去除，「良知」判斷爲善的，立刻誠實踐履，人們隨時去惡爲善，事事就都能合乎「良知」，即合乎「天理」，而歸於正途。反過來說，也因此，本然的「良知」能不受私欲蒙蔽，獲得保全無礙，而充沛的發用流行，永不停息。「良知」無所不在，而「致良知」的行爲必落實在「格物」上，因此只要立定「致良知」這個大頭腦，一切的人情物理、見聞譸酢，無不是「良知」的發用。答歐陽崇一書說：

故「致良知」是學問大頭腦，是聖人教人第一義。……大抵學問功夫只要主意頭腦是當：若主意頭腦專以「致良知」爲事，則凡多聞、多見莫非「致良知」之功。蓋日用之間，見聞酬酢，雖千頭萬緒，莫非「良知」之發用流行；除卻見聞酬酢，亦無「良知」可致矣。（傳習錄中）

與魏師說丁亥書也說：

若見得透徹，即體面事勢中莫非「良知」之妙用；除卻體面事勢之外，亦別無「良知」矣。……今時同志中，雖皆知得「良知」無所不在，一涉酬應，便又將人情物理與「良知」看作兩事，此誠不可以不察也。（全書書錄卷三）

(六)「致知格物」的目的在「即心窮理」

「致知」既不離人情物理，而落在實際人生的萬事萬物上，因此「致知格物」的終究目的，事實上也是要「窮理」——窮盡物理，不同的是，陽明是「即心窮理」，由自家心上求，不是朱子的「即物窮理」，由外界事物求。陽明說：

區區論「致知格物」正所以窮理，未嘗戒人窮理，使之深居端坐，而一無所事也。若謂「即物窮理」，如前所云務外而遺內者，則有所不可耳。昏闇之士，果能隨事隨物精察此心之天理，以致其本然之「良知」，則雖愚必明，雖柔必強，大本立而達道行，九經之屬，一以貫之而無遺矣；尚何患其無致用之實乎？（傳習錄中答顧東僑書）

陽明主張「即心窮理」是他的苦心。他要人由自家心上做工夫，物理便在人心內，不可逐物求理，而喪失了自我，只成爲支離破裂的知識，不是由「良知」作主，內外一貫的行爲。他提倡「心外無事」、「心外無物」、「心外無理」（傳習錄上）的「心即理」說，便是存著這個目的。他說：

我說箇心即理，要使知心理是一箇，便來心上做工夫，不去襲義於外，便是王道之眞。此我立言宗旨。（傳習錄下）

既肯定「致知」是「致良知」，孟子已把「良知」說成人天生知曉仁義的本性，陽明發展成「心之本體」，至善的天理，是在人心內，不在心外，那又怎能向外尋求呢？而大學說：「致知在格物」，所以陽明便將事、物、理都歸入心內了。因此，提倡「心即理」說，是陽明體認「良知」後必然要取用的理論依據。

按：一般談論陽明學說者，都認爲陽明以「心即理」說爲理論依據，因此必然要把「致知」說成「致良知」，而主張「知行合一」。其實正相反，陽明由於大悟「致知」的「知」是「良知」，才倡導陸象山、陳白沙所主張的心理合一說，作爲他提出「良知」、「知行合一」、「致良知」說的理論根據。

(七)「良知」必須踐履，「知行」不可分離

陽明由實際的人生體悟「良知」，也在平素的行事上踐履「良知」，年譜卷一記錄了陽明答覆守舊學的巡按御史唐龍的話說：

吾眞見得「良知」，人人所同；特學者未得啓悟，故甘隨俗習非。（全書）

所以陽明在大學古本序中肯定的下斷語：

噫！乃若「致知」則存乎心悟。（全書文錄卷二）

陽明也一再的強調「良知」、「致良知」必須下實工體認踐履，否則不免於疑惑糊塗，甚至於只淪爲無用的空談。他說：

區區「格致誠正」之說，是就學者本心，日用事爲間，體究踐履，實地用功，是多少次第、多少積累在，正與空虛頓悟之說相反。（傳習錄中答顧東僑書）

近時同志，莫不知以「良知」爲說，然亦未見有能實體認之者，是以尚未免於疑惑。（全書書錄卷三與馬子莘丁亥書）

「良知」本是明白，實落用功便是；不肯用功，只在語言上轉說，轉糊塗。（傳習錄下）

吾與諸公講「致知格物」，日日是此，講一二十年俱是如此。諸君聽吾言，實去用功，見吾講一番，自覺長進一番。否則只作一場話說，雖聽之一何用？」（傳習錄下）

「良知」必須實地踐履，才能眞正的發用流行，這也是陽明在大悟「良知」意旨後，立刻倡導「知行合一」之教的原因。他說：

今人學問只因知行分作兩件，故有一念發動，雖是不善，然卻未曾行，便不去禁止。我今說箇「知行合一」正要人曉得一念發動處，便即是行了；發動處有不善，便將這不善的念克倒了，須要徹根徹底不使那一念不善潛伏在胸中：此是我立言宗旨。（傳習錄下）

陽明提倡「知行合一」是有目的的，要人一念發動，「良知」知善知惡，已是行之始，立刻從事「去惡爲善」的行爲，沒有頃間的隔離。

陽明所認識的「知行本體即是良知、良能」（傳習錄中答陸原靜第二書語），「良知」是「知」，「致知格物」是「行」，「知行」合一貫穿，緊密不離。「知行合一」說的也是陽明建立「良知」宗旨必然的產物。陽明五十四歲時，在答顧東僑書中，也爲「知行合一」建立了較完密的理論，以「心即理」說作爲理論依據。他說：

知之眞切篤實處即是行，行之明覺精察處即是知，知行工夫本不相離；只爲後世學者分作兩截用功，失卻知行本體，故有合一並進之說。眞知即所以爲行，不行不足謂之知。……夫物理不外於吾心，外吾心而求物理，無物理矣。遺物理而求吾心，吾心又何物邪？心之體，性也，性即理也。……外心以求理，此知行之所以二也。求理於吾心，此聖門知行合一之教，……（傳習錄中）

(八)「良知」為人類行為的準則

知善知惡的「良知」成爲人類行爲的準則，是吾人的導師。陽明說：

爾那一點良知，是爾自家底準則。爾意念著處，他是便知是，非便知非，更瞞他一些不得。爾只不要欺他，實實落落依著他做去，善便存，惡便去，他這裡何等穩當快樂。此便是「格物」的眞訣，「致知」的實功。（傳習錄下）

嘉靖六年（西元一五二七年），陽明五十六歲，經常山作詩也說：

乾坤由我在，安用他求爲？千聖皆過影，「良知」乃吾師。（年譜卷一）

(九)「良知」具有內聖外王的實效

在這「良知」的指引下，循著實地做去，個人的修爲上，自然成爲聖人。陽明說：

「良知」即是「易」。……此「知」如何捉摸得？見得透徹時，便是聖人。（傳習錄下）

「惟天下之聖，爲能聰明睿知」，舊看何等玄妙！今看來原是人人自有的。耳原是聰，目原是明，心思原是睿知，聖人只是一能之爾，能處正是「良知」。衆人不能，只是箇不「致知」，何等明白簡易！（傳習錄下）

按：聖愚同具「良知」，能「致知」，讓「良知」發用流行，便是聖人。傳習錄下陽明和門生問答的名言「滿街人都是聖人」，正是就人人同具成聖的基因「良知」而說的。

不忠不孝的禍亂社會，也唯有「致良知」才是救治的良藥。陽明說：

後世大患，全是士夫以虛文相誑，略不知有誠心實意，流積成風，雖有忠信之質，亦且迷溺其間，不自知覺。是故以之爲子則非孝，以之爲臣則非忠。流毒扇禍，生民之亂，尚未知所抵極。今欲救之，惟返朴還淳，是對症之劑。故吾輩今日用工，務在鞭辟近裏，刪削繁文，始得然。鞭辟近裏，刪削繁文，亦非草率可能，必講明「致良知」之學。（全書書錄卷三寄鄒謙之丙戌年第三書）

更進一層，「良知」之學可以平治天下，而臻於大同世界。陽明說：

僕誠賴天之靈，偶有見於「良知」之學，以爲必由此而後天下可得而治。（傳習錄中答聶文蔚第一書）

世之君子惟務致其「良知」，則自能公是非，同好惡，視人猶己，視國猶家，而以天地萬物為一體，求天下無治，不可得矣。……今誠得豪傑同志之士，扶持匡翼，共明「良知」之學於天下，使天下之人皆知致其「良知」，以相安相養，去其自私自利之蔽，一洗讒妒勝忿之習，以濟於大同，……（同上）

於是，內聖外王的境界，便在「良知」的牽引下，圓融一貫了。而發端於孟子的「良知」說，到了這時，才發展至淋漓通透。

四、餘論

儘管「良知」之學眞的具有內聖外王的實效，但是正如陽明所說：「致知存乎心悟」，是須實事踐履的。而已被私欲蒙蔽，又不肯自我省察的人們，又怎能洞見「良知」的眞諦？由王陽明全書中，可以顯著的看出，陽明在世時，已屢因「良知」說，被非笑詆斥，甚至毀謗彈劾，而去世後，豐功偉業、學深德高的他，竟遭到了：「是時朝中有異議，爵廕贈諡諸典不行，且下詔禁僞學」（年譜卷一語）的不平待遇。詹事黃綰曾上疏明言陽明被斥於世的理由說：

然功高而見忌，學古而人不識，此守仁之所以不容於世也。（年譜卷一）

人心沈溺，是非不辨，善惡不分，竟到了這種地步！然而，陽明承繼孟子，加以發揚光大的良知說，卻著著實實的照耀在後世的人心上。黃宗羲見得最透澈，他說：

自姚江指點出「良知」，人人現在，一反觀而自得，便人人有個作聖之路。故無姚江，古來之學脈絕矣。（明儒學案卷十）

「無姚江，則古來之學脈絕矣！」實是善於「爲往聖繼絕學」！陽明也曾說：

聖人指以示人，只爲後人揜匿，我發明耳！（傳習錄下）

眞是箇大發明！

不論大學「致知」的「知」，是否確是孟子的「良知」，但把二者密結成一貫的「致良知」實踐哲學，使內聖外王的工夫得到了最眞切簡易的途徑，「良知」成爲後世中國人的行爲準則，卻是陽明萬世常新的大貢獻！

試看，生長在這二十世紀科學昌明時代的我們，不也常常明覺的提醒自己：要有良知！

（原刊於孔孟學報三四期）

孔子思無邪說體認詩的純粹性

在現存的文獻裡，孔子對於詩歌最直捷最扼要的批評，要算是論及詩經的「思無邪」說。

子曰：詩三百，一言以蔽之，曰：「思無邪」。（論語爲政）

這段記載中，孔子只用「思無邪」一句話來總論詩經三百篇的共同特性——純淨無邪念。

一、有邪無邪之辨

隨著時代的轉進，道德觀念日趨差殊，對於詩三百性質的認識便呈現「有邪」與「無邪」的歧異。

荀子首先點出國風好色的本質（註一），宋以前的文獻也頗有指出國風的某些詩篇爲淫詩的；其中影響最巨的是詩大小序。這出現在漢代以前而不知什麼人所作的詩大小序（註二），提出「正經」、「變風」、「變雅」、「美」、「刺」的觀念，已儼然將詩經分成了正、邪兩類；尤其小序更指出某些詩篇爲刺淫、刺奔的作品，爲宋人淫詩說的直接源流，如序谷風篇曰：

谷風刺夫婦失道也。衛人化其上，淫於新昏，而棄其舊室，夫婦離絕，國俗傷敗焉。

又序桑中篇曰：

桑中，刺奔也。衛之公室淫風，男女相奔，至于世族在位，相竊妻妾，期於幽遠，政散民流而不可止。

儘管詩小序已有淫奔的說法，但它卻和大序相似，都認爲不論「正、變、美、刺」同樣具有政教的作用。

至兩宋，疑古之風大興，某些學者不信詩大小序政教作用的說法，竟直指國風中的某些篇什爲淫詩，如歐陽修詩本義卷三靜女下云：

本義曰：衛宣公既與二夫人烝淫，爲鳥獸之行，衛俗化之，禮義壞，而淫風大行，男女務以色相誘悅，務誇自道而不知爲惡。雖幽靜難誘之女亦然。舉靜女猶如此，則其他可知。

試觀下列「靜女」一詩：

靜女其姝，俟我於城隅。愛而不見，搔首踟躕。

靜女其孌，貽我彤管。彤管有煒，說懌女美。

自牧歸荑，洵美且異。匪女之美，美人之貽。

這種描寫男女交往，彼此相悅的純情詩歌，竟被也寫過不少柔情艷詞的歐陽修視爲在「淫風大行」之下，以「色相誘悅」的淫詩，可見我們的歐陽文忠公並未以實際的生活體驗去賞評這類詩歌，而是以道學家極端保守，將人神聖化的道德意識去對經書作最嚴酷的苛求。

南宋的朱熹更進一層的明指國風中二十四首詩爲男女淫佚奔誘之詩。在詩經集傳自序說：

曰：吾聞之，凡詩之所謂風者，多出於里巷歌謠之作，所謂男女相與詠歌，各言其情者也。惟周南、召南……是以二篇獨爲風詩之正經。自邶而下，則其國之治亂不同，人之賢否亦異，其所感而發者，有邪正是非之不齊，而所謂先王之風者於此焉變矣。

朱子確認國風的本質是「男女相與詠歌，各言其情」，這是極進步的文學觀念；但是他卻顯然將國風分爲二：一正一邪。周南、召南爲正經，而邶風以下有正有邪。

他在詩序辨說桑中篇下又曰：

作序之首句以爲刺奔，誤矣。其下云云者乃復得之。……夫詩之爲刺，固有不加一辭而竟自見者，清人猗嗟之屬是已。然嘗試翫之，則其賦之之人，猶在所賦之外，而詞意之間，猶有賓主之分也。豈有將欲刺人之惡，乃反自爲彼人之言，以陷其身於所刺之中，而不自知也哉？其必不然也明矣。又況此等之人安於爲惡，其於此等之計，計其平日，固已自其口出，而無慚矣。又何得吾之鋪陳，而後始知其所爲之如此，亦豈畏吾之閔惜，而遂幡然遽有懲創之心邪？以是爲刺，不唯無益，殆恐不免於鼓之、舞之，而反以勸其爲惡也。……夫子之言，正爲其有邪正美惡之雜，特言此以明其皆可以懲惡勸善，而使人得其性情之正耳，非以桑中之類，亦以無邪之思作之也。

朱子雖然贊成詩小序桑中詩淫奔的看法，卻反對小序刺奔的教化作用，以爲不唯無益，且勸人爲惡。又認爲孔子視詩三百有邪正美惡之別，言思無邪說，只是表示皆能懲惡勸善，不是以爲桑中之類是用無邪之思作的。

朱子在「讀呂氏詩記桑中高」所論桑中之類的作者非無邪而作與「詩序辨說」相同。他說：

孔子之稱思無邪也，以爲詩三百篇勸善懲惡，雖其要歸無不出於正，然未有若此言之約而盡者耳，非以作詩之人所思皆無邪也，今必曰彼以無邪之思鋪陳淫亂之事，而閔惜懲創之意自見於言外，則曷若曰彼雖以有邪之思作之，而我以無邪之思讀之，則彼之自狀其醜者，乃所以爲吾警懼懲創之資耶？而況曲爲訓說，而求其無邪於彼，不若反而得之於我之易也；巧爲辨數，而歸其無邪於彼，不若反而責之於我之切也。

朱子認爲孔子「思無邪」是就勸善懲惡而歸於的正的層面上說的，不是以爲作詩的人思想都是無邪。要說作者無邪，還不如說「彼雖以有邪之思作之，而我以無邪之思讀之」。

朱子在詩集傳鄭風下又註曰：

鄭衛之樂，皆爲淫聲。然以詩考之，衛詩三十有九，然淫奔之詩才四分之一。鄭詩二十有一，而淫奔之詩已不翅七分之五。衛猶爲男悅女之辭，而鄭皆爲女惑男之語；衛人猶多刺譏懲創之意，而鄭人幾於蕩然無復羞愧悔悟之萌。是則鄭聲之淫，甚於衛矣。故夫子論爲邦，獨以鄭聲爲戒，而不及衛，蓋舉重而言。

此節朱子論鄭衛之樂皆淫聲，認爲孔子所以單「放鄭聲」，是因爲鄭之淫甚於衛，舉重而言。論語衛靈公篇曰：

顏淵問爲邦。子曰：行夏之時，乘殷之輅，服周之冕，樂則韶舞，放鄭聲，遠佞人；鄭聲淫，佞人殆。

孔子稱「放鄭聲，鄭聲淫」，宋人遂以鄭聲爲鄭詩。至朱子的三傳弟子王柏（魯齋）更上承朱子之說，以爲詩三百篇不是孔子原訂的本子，擴大淫詩的篇章，而高倡刪詩之說，欲刪去「野有死麕」、「靜女」「桑中」等三十二篇。（註三）

依今日的道德意識和文學趣味來觀察，這些被視爲淫詩宜刪的詩歌，絕無一絲色情和淫亂的粉紅氣息；它是最雋永、最清新、最純眞的，描述先秦時代兩性之間的感情世界裡的愛思和言行的純情詩篇。果眞刪去，那詩經中活潑潑的美感文學生命將喪失一大半！

二千五百年前的孔子，他對感情的認知又如何？他提出「放鄭聲」和「思無邪」兩種批評論見，而詩三百篇中偏偏又有鄭詩，且國風中擁有許多被宋人認爲有邪的淫亂情詩，這又能作什麼解釋？

二、孔子思無邪說體認詩的純粹性

見於論孟，有關孔子的史料，使我們深切的了解，孔子決不是個飄飄渺渺，高居瓊林瑤臺的神仙，也不是個迂迂腐腐，深藏在昧於眞情實性，只求處理聖知的禮教塔中的道學家，而是個確確實實飽食人間煙火，知情達理，合時允中的聖人。（註四）他生長的社會也和宋人迥然不同。他的社會是個思想開放，對男女的感情生活還沒有嚴格禁錮的社會，而歐陽文忠公、朱子、王魯齋等卻生長在思想閉塞、禮教嚴酷，禁制男女私相交誼的宋代，時代的意識不同，對於這種男女的來來往往，夫婦的親蜜嬉戲，或單戀相思，或棄婦怨情，孔子和宋人的看法自然絕對迥異。

史遷曾說「國風好色而不淫」（註五），這眞是說明孔子對國風看法的最好言辭，國風儘管有好色的內涵，但決不淫邪。孔子自己不也曾說：「關雎樂而不淫」嗎？（「關雎」是國風的首篇，也是描繪男女之情的）。（註六）舉一以三隅反，史遷的「國風好色而不淫」，不正是輔聖的知音之言？也更可了解孔子眞的認爲詩三百篇是思無邪的，而不是另有弦外之論！

基於此，孔子的思無邪說正是他體認詩純粹性的表現。詩本身是完整獨立的，是純眞精粹的，內蘊著道德批斷的。就創作論而言，一位有品格的詩人，憑著一往奔馳的神思，將所見所聞描述下來，不論內容是詠史、是宗教、朝政、民情或戀思，都是絕對純粹無邪的，不容加上一個「淫」字。就鑑賞論來說，一個有修養的讀者，手執這些純情詩歌閱讀，也絕對是「以無邪之思讀之」的，不會引發任何的「非非之想」！

朱子說「彼雖以有邪之思作之，而我以無邪之思讀之；則彼之自狀其醜者，乃所以爲吾警懼懲創之資」，這種鑑賞論，是很難實現的。只有大聖大賢的讀者才能有超人的自覺自制能力，對有邪之作，毫不動心；而一般讀者面對淫邪的色情文學，怎能不想入非非呢？（註七）

事實上，宋人如果能認識古今社會的不同，道德觀念的差異，了解孔子合時允中情性，便不會因爲害怕這些在先秦屬於純情之作，被他們認定是淫奔之詞的詩篇，而惶惶恐恐，害怕這類詩歌，「使人懈慢而有邪僻之心」（註八），勸人爲惡，所以疾聲痛斥，甚至爲了維護詩教，更做出刪詩的魯莽行動。

既云「思無邪」，自然與「思有邪」相對，「思無邪」的內在早就蘊含著道德的批判。

雖然史記所論古詩三千餘篇，孔子刪爲三百五篇的說法未必正確；（註九）但是孔子在編定詩三百篇時，必下了「選訂」工夫，是無可置疑的。尤其對於民間採來的詩歌，更不得不加以小心的「甄選」。而「雅」、「思無邪」正是他甄選的標準尺度。「雅」和「思無邪」相輔相成，就音樂就氣質就正統言雅，就內容就思想就情性說「思無邪」。因此，「放鄭聲」正是在這尺度下的必然結果，因爲「鄭聲亂雅樂」（註一〇），因爲「鄭聲淫」。古代詩往往配樂，這裡的「鄭聲」可能某些也是附有「詩」辭的。「放鄭聲」除了純音樂外，也可能包含了某些未被孔子收入詩三百中的鄭國詩歌，是不必置辯的。但孔子只是籠統的說「放鄭聲，鄭聲淫」，並不是說全部的鄭聲都是「淫」，都該「放」。就以朱子用宋人極端保守的道德觀去看詩三百中的鄭詩，也只有七分之五是淫邪之詩，也就是還有七分之二的正統之詩。儘管宋人多道學，多拘謹，也無法判定鄭詩全是淫詩。由此可得到一絲啓示，孔子的「放鄭聲」，不是說放所有的「鄭聲」，而是放那不雅與有邪的鄭聲；那雅而無邪的鄭詩便被他選入詩三百篇中。今本詩經中的鄭詩是雅正的，純粹無邪的，那也就不必如宋人一般，奇怪孔子既放鄭聲，何以詩經中有鄭詩了。也更可了解，孔子爲什麼敢於將這些情詩與雅、頌及國風中其他被認爲「正經之詩」者，一視同仁的用「思無邪」一句話來評斷它們的共同情性了。

孔子逝世後近一千年，我國誕生了幾乎曠古絕今的大批評家劉勰，在文心雕龍的明詩篇中他說：

大舜云：「詩言志，歌永言」，聖謨所析，義已明矣。是以在心爲志，發言爲詩，舒文載實，其在茲乎？詩者，持也，持人情性。三百之蔽，義歸無邪，持之爲訓，有符焉爾。

這位因夢孔子而確立「儒家之志」的劉勰，果然眞能「隨孔子而南行」。（註一一）他體認孔子「思無邪」中所蘊含的道德批判，更予以具體的移化作用，用音韻與「詩」字屬同類的「持」字，來達到聲訓義訓「詩」字的目的，使「詩」的內在本質蘊育「思無邪」的道德批判的作用。更進一層將尙書「詩言志」說中的「志」字，用意義更具體易明曉的「情性」（詩大序已稱「吟詠性情」）二字來替代，而提出詩是「持人情性」的理論。我們眞佩服他集大成的才華，也爲孔子在千載之下能與知音遇合而贊歎！

（原刊於孔孟月刊第二十卷第十期）

【附註】

註一　荀子大略篇國風之好色也，傳曰：「盈其欲而不愆其止。」

註二　詩大序或以爲孔子、子夏、衛宏所作，小序以爲毛公作，皆無確證。

註　三　見王柏詩疑。

註　四　「食、色，性也」這句話，常被認爲是孔子所說，但不見於論語，而孟子引述告子之言卻有這句話，因此使人置疑。但這句話卻很適合在平凡中見聖的孔子。在這種人生觀下產生「思無邪」看法，是很合理的。

註　五　見史記屈原賈生列傳。

註　六　論語八佾篇：子曰：「關雎，樂而不淫，哀而不傷。」

註　七　一個劣質的讀者，即使讀到論語「有朋自遠方來，不亦樂乎？」，也一樣的能令他飄飄然。就鑑賞論而言，要求作品的清涼，能陶冶讀者的性靈，那只能就良性的讀者而論。

註　八　見詩集釋衛風下朱子引「張子」（張載橫渠先生）之說。

註　九　見史記孔子世家。

註一〇　論語陽貨篇：子曰：惡紫之奪朱也，「惡鄭聲之亂雅樂也，惡利口之覆邦家者。」

註一一　見文心雕龍序志篇。

劉義慶世說雜、純文學分立觀

自先秦以迄魏晉，國人對於「文學」的基本觀念，大體而言，都直取「文章博學」的總名（註一），很少具有雜、純文學分野的看法。到了南北朝，總算稍有著純文學的意識，文學漸趨脫離學術而獨立。（註二）

其中尤其是梁蕭統昭明文選序的一番宣言，更明確的露出了純文學觀的端倪。昭明太子相當禮貌的將被視爲指導人生原則的經書請出「文選」的領界；而旨在建立思想體系，不重在文學技巧表達的子書，他也不取。對於各類史傳，他又認爲非屬於文學篇翰的本質，而大多予以驅逐出境。只留下其中通過沈篤的想像，運用豐蔚的辭藻，能表現出文章詞采和藝術結構的讚論，他以爲這些才夠資格和他所選出的「詩」、「賦」等文學篇什，並存在文選中。（註三）據此看來，由蕭統監製，劉孝綽主持的昭明文選編輯小組，已有著把雜文學摒除於純文學外的前進思惟。

試觀南朝梁世之前是否也可追尋到與此相同軌跡的思路呢？當我們細審世說新語文學門每一條文句的編排時，不難發現這相似的意向。

世說新語著成於西元四三二年至四四四年間，正當第五世紀前半，是我國南北朝劉宋時代的作品。（註四）作者臨川王劉義慶，是宋武帝劉裕的侄兒。世說由義慶主編，參與編輯的可能還包括義慶所招募的文士袁淑、陸展、何長瑜、鮑照等人。儘管成於衆人之手，但是由全書體例的嚴謹，可以看出這編輯小組有著一貫的作業和撰寫原則。

歷代著錄將世說歸屬於子部小說類，雖然都是些短章小篇，所描述的人物，卻遠從秦末，綿延至晉末宋初。尤其百分之八十以上，專載魏晉人物的活動情態，對於魏晉人物的思惟反射也較爲鮮明；共分三十六門：德行、言語、政事、文學、方正、雅量、識鑒、賞譽、品藻、規箴、捷悟、夙惠、豪爽、容止、自新、企羨、傷逝、棲逸、賢媛、術解、巧藝、寵惠、任誕、簡傲、排調、輕詆、假譎、黜免、儉嗇、汰侈、忿狷、讒險、尤悔、紕漏、惑溺、仇隙。僅以上述三十六個主題，便可想見該書所描述的生活層面之廣，思想內涵之富了。

世說首四門：德行、言語、政事、文學，一望而知，是採擬論語孔門四科的模式。（註五）其中文學門「文學」二字的意涵，也依然廣泛的指稱「文章博學」。但是只要細心的觀察文學門每一條文句的編排，將赫然發現劉義慶很明顯的將文學門截爲前後兩組：自首「鄭玄在馬融門下」條至六五「桓南郡與殷荊州共談」條爲一組；自六六「文帝嘗令東阿王七步中作詩」條至末一〇四「桓玄下都，羊孚爲兗州別駕」條爲另一組。（註六）這種分類，又代表什麼特殊的意義呢？

除文學門外，其他三十五門每一門每一條文句的次第，是依循時代先後安排的。時代先的在前，時代後的居次。譬如德行門首「陳仲舉言爲士則，行爲士範」條，旨在說明東漢陳蕃禮賢下士的懿範，依次時代先後安排至末四七「吳道助、附子兄弟居在丹陽郡」條，旨在敘述東晉吳坦之、隱之的孝行。又言語門首「邊文禮見袁奉高」條，旨在著錄東漢邊讓和袁閬的能言巧語，循序降至末一〇八「謝靈運好戴曲柄笠」條，旨在記載謝靈運和孔隱士的妙談趣話。再如規箴門首「漢武帝乳母嘗於外犯事」條，是西漢東方朔規箴武帝的故事；依次降至末二七「桓玄欲以謝太傅宅爲營」條，是東晉謝混勸戒桓玄的故事。除了少數的例外，世說是謹守著時代先後爲序的原則來編排的。

文學一門，我們卻驚訝的發現它的編排略和其他三十五門不同。首「鄭玄在馬融門下」條，起東漢，依序降及東晉六五條「桓南郡與殷荊州共談」；突然六六條「文帝嘗令東阿王七步中作詩」，竟意外的又倒轉回到曹魏，六六條以後卻又井然有序的依時代先後編排至末條東晉的「桓玄下都，羊孚時爲兗州別駕」。顯然的是將文學門分成兩組，其中到底蘊含著什麼樣的文學玄機呢？下文我們嘗試著解剖兩組中每一條文句的文學內涵，並予以歸類，來一探它的奧妙。

文學門的主要內容是敘述東漢至晉末文士注述、講論、吟誦、創作某些文學作品及清談玄學的情況。下文便歸納前後兩組各條文句所隸屬的文學範疇，試以探究出這個謎團的奧妙之處。

前一組共六十五條，分類歸納出有關的文學項目：

一、經　學

易：

第二九條「宣武集諸名勝講易」。

第五六條「殷中軍、孫安國、王、謝能言諸賢悉在會稽王許」，論「易象妙於見形」。

第六一條「殷荊州嘗問遠公易以何爲體」，論易體。

詩：

第三條「鄭玄奴婢皆讀書」，吟誦詩經詞句。

第五二條「謝公因子弟集聚，問毛詩何句最佳」，摘選詩句。

禮樂：

第一條「鄭玄在馬融門下」，言「鄭玄」禮樂皆東。

春秋：

第二條「鄭玄欲注春秋傳，尚未成」，言服虔注春秋。

第四條「服虔既善春秋，將爲注」，同上。

二、子學

老、莊：

第七條「何平叔注老子始成」，言何晏欽服王弼注老子。

第一〇條「何晏注老子未畢」，言何晏服王弼老子注，不復注老子，而作道德論。

第一五條「庾子嵩讀莊子」，言庾敳意與莊子契合。

第一七條「初注莊子者數十家」，言郭象竊向秀莊子注。

第一八條「阮宣子有令聞」，言阮修論老莊與聖教同異。

第三二條「莊子逍遙篇舊是難處」，言支遁善論逍遙遊。

第三六條「王逸少作會稽」，同上。

第五五條「支道林、許謝盛德共集王家」，言諸名賢清談莊子漁父。
第六二條「羊孚弟娶王永言女」，言羊孚善談莊子齊物論。
第六三條「殷仲堪云三日不讀道德經」，言殷仲堪論必讀道德經。

惠子、公孫龍子：

第五八條「司馬太傅問惠子其書五車」，泛論惠子。
第二四條「謝安年少時」，言阮裕善談白馬論。

佛學

第二三條「殷中軍見佛經」，言殷浩論理在佛上。
第三〇條「有北來道人好才理」，言北來道人與支遁清談「小品」。
第三七條「三乘佛教滯義」，言支遁判分三乘佛教。
第四三條「殷中軍讀小品」，言殷浩精解小品。
第四四條「佛經以祛練神明」，言簡文論佛陶練之功。
第四五條「于法開始與支公爭名」，言于法開使弟子折屈支遁之講小品。
第五〇條「殷中軍被廢東陽」，言殷浩讀佛經，論小品。
第五四條「汰法師曰」，言竺法汰論六通、三明異名同歸。

第五九條「殷中軍被廢，徙東陽」，言殷浩精解佛經。
第六四條「提婆初至」，言提婆講「阿毗曇」。
第四〇條「支道林、許掾諸人共在會稽王齋頭」，言支遁爲法師講經，許詢爲都講設難。
（案：義慶本文雖未言講何部佛經，而孝標注云講維摩詰經。）
第三五條「支道林造即色論」，言支遁造即色論，無人鑑賞。（案：「即色論」言色空之論，亦入此項。）
案：易、老、莊三玄、惠子、白馬論、佛經等，也都是魏晉清談內容之一。

三、清談玄學

有無：

第八條「王輔嗣弱冠詣裴徽」，言王弼論聖人體無，老莊未免於有。
第一二條「裴成公作崇有論」，言裴頠善談崇有論。

才性四本論：

第五條「鍾會撰四本論」，言鍾會著成四本論，欲使嵇康見。
案：「四本論」即論才性同、才性異、才性離、才性合。

第三四條「殷中軍雖思慮通長」，言殷浩精於才性，善談四本。

第五一條「支道林、殷淵源俱在相王許」，言殷浩善談才性。

第六〇條「殷仲堪精覈玄論」，言殷仲堪自言善解四本。

聲無哀樂、養生、言盡意：

第二十一條「舊云王丞相過江左」，言王導只談「聲無哀樂」、「養生」、「言盡意」三理。

夢：

第十四條「衛玠總角時問樂令夢」，言樂廣爲衛玠說「夢」之起因。

第四十九條「人有問殷中軍」，言殷浩爲人解夢。

旨不至：

第十六條「或問樂令旨不至者」，言樂廣善解「旨不至」說。

聖人有情無情：

第五七條「僧意在瓦官寺中」，言僧意與王修論聖人有情無情之說。

泛說清談：

本項只是泛說清談，不指明清談內容。

第六條「何晏爲吏部尙書」，言王弼善清言。
第九條「傅嘏善言虛勝」，言裴徽善釋傅嘏、荀粲清談之爭。
第一一條「中朝時有懷道之流」，言裴頠善清談。
第一三條「諸葛宏年少」，言諸葛宏年少不肯學問，能清言，後讀莊老，便可與王衍抗衡。（案：此條也可歸入前「子學老莊」下。）
第十九條「裴散騎娶王太尉女」，言裴遐善清談。
第二〇條「衛玠始過江」，言衛玠與謝鯤達旦微言而亡。
第二二條「殷中軍爲庾公長史」，言殷浩與王導清談。
第二六條「劉尹與殷淵源談」，言劉惔與殷浩清談。
第二七條「殷中軍云康伯未得我牙後惠」，言韓伯未得殷浩清談之餘惠。（註七）
第二八條「謝鎭西少時」，言殷浩能清言。
第三一條「孫安國往殷中軍許共論」，言孫盛、殷浩清言。
第三三條「殷中軍嘗至劉尹所」，言殷浩、劉惔清談。
第三八條「許掾年少時」，言許詢、王修二人清言至苦。
第三九條「林道人詣謝公」，言支遁與謝朗清談。

第四一條「謝車騎在安西艱中」，言支遁與謝玄清談。
第四二條「支道林初從東出」，言王濛欲與支遁清談，不得而退。
第四六條「殷中軍日自然無心於稟受」，言殷浩與劉尹言善人、惡人多少說。
第四七條「康僧淵初過江」，言康僧淵因清談而成名。
第四八條「殷謝諸人共集」言謝安問殷浩「眼往屬萬形」之說。（案：此條有問無答，恐有闕文。）
第五三條「張憑舉孝廉」，言張憑因清談而成名。
第六五條「桓南郡與殷荊州共談」，言桓玄、殷仲堪清談。

四、論南北學問

第二五條「褚季野語孫安國」，言褚裒、孫盛、支遁論南北學問之異。
後一組自六六至一〇四條，共三十九條，試看它們所顯示的文學分類：

詩：

第六六條「文帝嘗令東阿王七步中作詩」，言曹植七步詩。
第七一條「夏侯湛作周詩成」，言夏侯湛周詩、潘岳家風詩。

第七二條「孫子荊除婦服」，言孫楚悼亡詩。
第七六條「郭景純詩云林無靜樹，川無停流」，言郭璞詩。
第八五條「簡文稱許掾云」，論許詢五言詩。
第八八條「袁虎少貧」，言袁宏詠史詩。
第一〇一條「王孝伯行散」，言王恭摘選古詩詩句。

賦：

第六八條「左太沖作三都賦」，言左思三都賦。
第七五條「庾子嵩作意賦成」，言庾敳意賦。
第七七條「庾闡始作揚都賦」，言庾闡揚都賦。
第七九條「庾仲初作揚都賦」，同上。
第八一條「孫興公云三都、二京」，言孫綽論三都賦、二京賦。
第八六條「孫興公作天台賦成」，言孫綽天台賦。
第九二條「桓宣武命袁彥伯作北征賦」，言袁宏北征賦。
第九七條「袁宏始作東征賦」，言袁宏東征賦。
第九八條「或問顧長康」，論顧愷之箏賦與嵇康琴賦。

誄：

第七八條「孫興公作庾公誄」，言孫綽庾公誄。

第八二條「謝太傅問主簿陸退」，論張憑母誄。

第一〇二條「桓玄嘗登江陵城南樓」言桓玄作王恭誄。

頌：

第六九條「劉伶著酒德頌」，言劉伶酒德頌。

讚：

第一〇〇條「羊孚作雪讚」，言羊孚雪讚。

表：

第六七條「魏朝封晉文王爲公」，言阮籍勸進表。

第七〇條「樂令善於清言」，言潘岳爲樂廣作讓河南尹表。

議：

第八七條「桓公見安石所作簡文謚議」，論謝安作簡文謚議。

論：

第八三條「王敬仁年十三」，言王修賢人論。

第九一條「謝萬作八賢論」，言謝萬八賢論。

牋：

第一〇四條「桓玄下都」，言羊孚上桓玄牋。

露布文：

第九六條「桓宣武北征」，言袁宏露布文。

評潘文、陸文：

第八四、八九兩條，首皆作「孫興公云」，專論潘岳、陸機之文。

史論：

第八〇條「習鑿齒史才不常」，言習鑿齒作漢晉春秋，品評卓異。

語林、名士傳：

第九〇條「裴郎作語林」，言裴啓語林。

第九四條「袁伯彥作名士傳」（註八），言袁宏名士傳。

泛言文才：

第九三條「孫興公道曹輔佐才」，言孫綽評曹毗才。

第九五條「王東亭到桓公吏」，言王珣之文才。

第九九條「殷仲文天才宏贍」，言殷仲文之文才。

第一〇三條「桓玄初并西夏」，言桓玄之文才。

筆才：

第七三條「太叔廣甚辯給」，言太叔廣長口才，摯虞長筆才。

第七四條「江左殷太常父子並能言理」，言殷浩長於口才，殷融長於著論。

案：以上兩條文句，乍看似在論清談，事實上主題仍是在論摯虞善筆才，殷融長於著論。

又案：魏晉人所謂「筆」，是與「文」相對，「筆」指無韻之文，「文」爲有韻之文。

參看徐震堮世說新語校箋文學門七三條注。

今將與上述前後兩組有關的文學歸納如下：

一、前組

甲、經學：易、詩、禮樂、春秋。

乙、子學：老子、莊子、惠子、公孫龍子、佛經。

丙、清談玄學：有無、才性四本、聲無哀樂、養生、言盡意、夢、旨不至，聖人有情無情、泛言清談。

丁、論南北學問。

二、後組

詩、賦、誄、頌、讚、表、議、論、評潘文陸文、史論、語林名士傳、泛言文才、泛言筆才。

當看到上述的歸納後，我們不得不豁然明覺，原來劉義慶所賣弄的文學玄機就是：文學門前一組屬雜文學，後一組屬純文學。

劉義慶所帶領的世說編輯小組，所以寧可犧牲每一門各條文句依時代先後編排的原則，而將文學門強分爲前後兩半，主要的是他們已有著正統的純文學觀，將雜、純文學分立，雜文學累積排在前半，純文學累積排在後半。這種雜、純文學分立觀，實是匠心獨運，發先人所未發；可惜義慶沒有文學批評論著，予以明確的抒論，這種蘊含著雜、純文學分立觀的編排法太過含蓄，如不細心品味，就很難際會知音了。

（原刊於孔孟月刊第二十六卷第十期）

【附註】

註一　論語先進：「文學：子游、子夏」，邢昺疏既釋爲「文章博學」，見藝文印書館十三經論語注疏。

註二　參閱葉師慶炳中國文學史頁一二四。

註三　參閱梁蕭統昭明文選序（廣文書局）。

註四　參閱拙著「南北朝著譯書四種語法研究」，世說新語的著作年代。

註五　孔門四科之說見論語先進（藝文印書館十三經論語注疏）。

註六　世說條數及文句據徐震堮世說新語校箋（文史哲出版社）。

註七　「牙後惠」，有歧義，參閱徐震堮及楊勇世說新語校箋。（楊本，正文書局出版）。

註八　「袁伯彥」，當作「袁彥伯」。

論語中的所字式詞組

一、前　言

在語法學上，詞組是造構句子成分（註一）的主要材料之一。句子成分的材料除了取自語言，表意的最小基素——單音詞和複音詞（註二）外，便是來自於經由這單音詞和複音詞所構成的詞組和詞結（註三）了。

詞組主要可分爲四種：聯合詞組、加端詞組、同位詞組和所字式詞組。前三者是由兩個以上的詞，憑藉著並列、主從、同位等關係而構成的，而所字式詞組卻相當的特殊，完全由「所」字領銜，主體是將「所」字放在一個動詞結前，這個動詞結立即失去動詞性詞語的德性，而轉換爲名詞組變成了名詞性詞語。

所字式詞組只出現在古漢語裡及仿古形式的白語文中。漢許愼說文解字把「所」字解釋爲「伐木聲，从斤戶聲」（註四），這大概只是許氏根據詩經「伐木所所」（註五）而下的推斷吧。事實上，在古代的文獻中，「所」字扮演著多功的語言角色：既是個含蘊著具體意念的實詞；又是個只有著抽象作用的虛詞。前者主要的是當「處所」一類意義的方所名詞及其相關的引申義；（註六）後者主要的除了所字式詞組外，便是出現在「爲……所」式被動式敘述句中。「所」字連綴在動詞前，和表被動的連介詞（註七）「爲」字相呼應，而構成自漢代以後，古文中最被普遍使用的被動句。（註八）

所字式詞組產生較早，在先秦已廣泛的被使用著。「爲……所」式被動句產生較晚，自漢代以後才漸趨成熟（註九）「爲……所」式的「所」字直接密結在動詞前和所字式詞組中的一類，把「所」字連綴中心動詞上相似。但是相似未必就是相同。「爲……所」式可以用作獨立的句子；而「所」字式不能，只能用作句子成分的構成材料。「爲……所」式的「所」字緊密連綴在動詞前，「所」和動詞間不准被其他成分隔開；所字式的「所」字和動詞可以直接連綴，也可以被其他成分隔開。「爲……所」式的「所」字並沒有能力將動詞改換成名詞，動詞具有字的敘述能力；所字式中的「所」字已改換動詞結爲名詞組，動詞結失去了它原有的敘述能力。「爲……所」式去掉「所」字，完全沒有影響句式的意義和作用，只是轉成「爲」字式被動敘述句（註一〇）而已。而所字式一旦去掉「所」字，立即失去所字式詞組的功能了。由此可知，二者有其差異性。當然筆者也較相信「爲……所」式被動句極可能是由帶有所字式詞組的「爲」字式判斷句（註一一），轉化而成的。爲了不牽連過多，本文不再多談「爲……所」式被動句，一心只探討所字式詞組。

關於所字式詞組「所」字的詞性問題，語法學界一直有著相當紛歧的看法，主要的如認作「接讀代字」（註一二）「，關接代詞」、「關接副詞」（註一三）、「被動助動詞」、「假設連詞」（註一四）、「詞頭」（註一五）等。周法高先生中國古代語法稱代編曾博引了中外語法學者的許多說法，而提出了「代詞性助詞」的折衷論調；（註一六）但是在造句編中，周先生卻又直接的將「所」字歸屬「助詞」一類（註一七）王了一先生中國語法理論把「所」字當做動詞的前附號，王先生說「所」字的特性是「使連續式轉爲組合式」，是個「組合性記號」，他並批駁了把「所」字視如西文接續代詞，即關係代名詞（relative pronouns）的非是（註一八）；然而在「漢語史稿」中，王先生雖也不贊成馬氏文通接讀代字的論點，卻又肯定了「所」字的代詞性。（註一九）

除了王了一先生論及的「所」字和接讀代字確實不同外，根據筆者對於古漢語的觀察，固然「所」字連綴在一個動詞前，動詞後沒有加上這個所字式詞組要說明的人、事物或「者」字時，如「君子無所爭」（論語八佾）、「叟之所知也」（孟子梁惠王上）（註二〇），這個「所」字似乎在稱代動詞下省略的賓語。又「所」字位在一個沒有出現補語的介系詞前，這個「所」字似乎也在稱代那個未出現的補語，如「患所以立」（論語里仁）、「非所以內交於孺子之父也」（孟子公孫丑上）（註二一）、「揖所與立」（論語鄉黨）。但是也有一類的所字式詞組，在中心動詞後又加上這個所字式詞組要說明的人、事、物或「者」字，也就是說出了被認爲由「所」字稱代的那個省略的賓語或補語，如「必有所不召之臣」（孟子公孫丑下）（註二二）「予所否者」（論語雍也），「是集義所生者」（孟子公孫丑上）、「而所以自任者輕」（孟子盡心下）、「其妻問所與飲食者」（孟子離婁下）（註二三）等；甚至人、事、物及「者」字兩種都加，如「所謂大臣者」（論語先進）、「所謂故國者」（孟子梁惠王下）（註二四）等；這類「所」字絕無稱代可言。同一種語法作用的「所」字，有時稱代，有無之間，不是相當的矛盾嗎？何況另有一類的所字式詞組，主要在說明某種時間、處所、原由、方法等。在中心動詞下帶有賓語，這個賓語絕對不是這個所字式詞組要說明的對象，如「無所用心」（論語陽貨）、「豈無所用其心哉」（孟子滕文公上）（註二五）、「民無所措手足」（論語子路）、「夫有所受之也」（孟子盡心上）（註二六）、「不知所以裁之」（論語公冶長）、「皆知所以養之者」（孟子告子上）（註二七）等。這類例子中的賓語和它的中心動詞依然保持著緊密的造句關係，更不能說稱代那省略的賓語或補語了。劉復先生，把這一類中當「處所」解，有如西文「where」的，另獨立出來，稱做「關接副詞」，那又是別生枝葉了。（註二八）由此看來，「所」的代詞性說法，也就不必堅持了。

至於視「所」字爲「詞頭」「或前附號」的看法是否妥當，這又是個值得商榷的問題。儘管有一類的「所」字是直接連綴在中心動詞上，「所」和中心動詞間沒有插入任何其他成份，如「所損益可知也」（論語爲政）、「仲子所居之室」（孟子滕文公下）（註二九）等，似乎像「詞頭」或「前附號」；但是另有一類的「所」字，它和中心動詞隔有其他修飾成份，如「有所不行」（論語學而），「非人之所能爲」（孟子萬章上）、「將以求吾所大欲也」（同上，梁惠王上）（註三〇）等；「所」字帶出的是一個附有修飾語的動詞結，「所」字位在修飾語前，不是緊綴在中心動詞上。由此可知當作動詞的「詞頭」或「前附號」的說法也未必適切。

筆者非常贊佩王了一先生的明識，他悟出了「所」字的特性，是在轉換連續式。他曾舉例說由連續式「仲子居室」，轉爲組合式「仲子所居之室」，當不用「之室」只有「仲子所居」時，是因爲修飾次品，轉爲首品的關係。（註三一）其後他更明確的說「所」字經常放在外動詞（及物動詞）前，語法作用是「使這個動詞整個謂語形式成整個句子形式都變爲定語的性質」，定語後可以是「者」或名詞，「者」往往不用，名詞是泛指人、地、事物的，也往往不用，「於是定語變爲名詞性仂語」。（註三二）王先生說的「定語」就是形容性和詞，也就是修飾次品。也就是說王先生認爲「所」字轉換一個謂語或句子後，這個詞群變爲形容性詞語；它的後面綴「者」或名詞時，成爲修飾次品；但是當「者」及名詞不用時，它變成了名詞性詞語，可用作首品。在古漢語中，加「者」或名詞的所字式詞組，遠比不加的少，怎能認爲加的是常態，不加的反而是省略「者」或名詞的結果呢？筆者認爲由連續式「仲子居室」，轉爲「仲子所居室」時，「仲子」、「所居」和「室」間已失去了連續性的造句關係，而轉成語詞及詞語的配合關係，「仲子」、「所居」、「室」三者都是名詞組，構成了加端詞組。端詞「室」，加詞「仲子所居」；加、端詞間可以加連接詞「之」字，成爲「仲子所居之室」；又「仲子所居」也是加端詞組，端詞「所居」，加詞「仲子」，加、端詞間也可加「之」字，成爲「仲子之所居」。筆者提出的所字式詞組是就「所居」而言，不包括「仲子」及「室」。當一個說話者要借用某一主謂式或謂語式的詞結來說明某種人、事、物時（這個人、事、物也可以是原動詞結中所涉及的賓語或補語），便將「所」字放在謂語前，於是「所」連同這個謂語，便立刻轉成了所字式詞組，而由動詞性詞語變成了名詞性詞語。這個所字式詞組可以憑藉著「所」字後動詞或動詞結的意態而具足了它要說明的人、事、物的意義，如「君子無所爭」（論語爲政），在動詞「爭」前加「所」字，「所爭」變成了所字式詞組，是個名詞組。憑藉著「爭」的意態，了解「所爭」要說明的意義用作首品；當說話者要使所字式詞組說明人、事、物更具有特定性，便將這特定性的人、事、物放在所字式詞組後，構成了一個加端詞組，如「所爭名」、「所爭利」、「所爭之名」、「所爭之利」等，這個所字式詞組成爲定語，即修飾次品。而加「者」的理由，除了使泛指的意義更加爲明顯外，使語勢更形諧和，恐怕也是因素之一。

在句轉換爲詞的變形上，文言的「所」、「之」，白話的「的」字，都是主掌了轉換的樞紐，目的都在轉換一個詞結爲名詞組，而作爲構句的材料，英文的動名詞（gerund）和不定詞（infinitive），語法作用也是爲了使這些動詞不具有獨立句動詞的敘述能力，而將它轉換成名詞性、形容詞性、副詞性等，而用作其他獨立句的構成材料。動名詞是在動詞後加形尾「ing」，不定詞是在動詞前加不定詞「to」，就轉換爲名詞組的意義及轉換後的職能而言，所字式詞組和動名詞較接近，就轉換的外型觀察，所字式詞組和不定詞較相似，都是在動詞前加轉換符號「所」或「to」；只是不同的是，「to」一定要緊綴在原型動詞前，中間不可插入其他修飾成分，而「所」可以直綴在動詞前，也可以和動詞間隔有其他修飾成分；「所」轉換出的詞組是個名詞組，而不定詞的詞性不定，有名詞、形容詞、副詞等多種可能。

所字式詞組是個名詞組，而賴以轉換的「所」字究竟該歸入那一種詞類呢？周法高先生中國古代語法造句編將「所」字和「也、者、矣、歟、乎、夫、焉、哉」等同屬「助詞」一類，「也……哉」等是附屬於前面的語末助詞，而「所」字是附屬它後面的助詞。（註三三）筆者在拙著「南北朝著譯書四種語法研究」一書中，贊成周先生的看法，認爲「所」是虛詞，用爲「助語」（註三四）經過多年來的省察，似乎覺得將「所」和輔助語氣表達的「也……哉」等同屬一類，並不妥當。先秦表被動的標記「被」和「見」字，都是緊密的連綴在動詞前，中間不能插入其他成分。到了漢代以後，「被」字有了新發展，「被」字和動詞間，可放進施事者（即主動者），於是「被」字的介系作用受到肯定，「被」字成爲一個介系詞。而「見」字卻沒有發展，且漸被淘汰，只留下一些仿古形式。由於「見」字不能像「被」字一樣，可介系一個施事者，只能密結在動詞前，因此「見」字的詞性，或以爲是助動詞，或以爲是詞頭（註三五），說法歧異。這是受到介系詞只能介系名詞性詞語定義的影響，假始根據古漢語的特色，擴大介系詞的範疇，介系詞不僅可以介系一個名詞性詞語，也可以來介紹一個具有特定作用的動詞性詞語。如「見」字，在被動句中夾介紹被動動詞，「所」字來介紹一個由動詞結轉成的名詞組，那麼「見」、「所」字的詞性問題便可解決了。尤其當觀察到和「所」具有同一轉換功能的詞——「之」（文言）、「的」（白話）時，更增強了把「所」認作介系詞的信心。「之」、「的」二字的詞性，語法學家或以爲連接詞，或以爲介系詞。（註三六）在漢語語法中，連接詞和介系詞是不能截然而分的，有些詞同時具有連接和介系兩種作用。因此不論把「之」「的」當介系詞或連接詞，都可以和「所」並列為具有轉換功能的兩種虛詞，這更可以顯示漢語語法的整齊性。

綜觀上述，筆者傾向於把「所」字當作介系詞。在主動句中，「所」字介紹出一個由動詞結變成名詞組的轉換功能；在「為……所」式被動敘述句中，由於介系詞「為」字的被動作用，「所」字不再具有轉換功能，它只引出一個被動詞，來調和前重後輕的語勢。如此，「所」字一致的介系作用，貫穿主動、被動，藉此消弭紛歧的說法。

「論語」一書雖不厚重，但其中的所字式詞組卻有著多樣態的表現，下文便藉此探討漢語中的所寫式詞組。

二、論語中的所字式詞組

論語中僅有兩例「所」字，依然用為「處所」一類的意義，如：

為政以德。譬如北辰，居其所，而眾星共之。（為政）（註三七）

吾自衛反魯，然後樂正，雅頌各得其所。（子罕）

其他四十餘例，都是用於構成所字式詞組，下文便依次探討它的職能和源流。

(一)「所」字後中心詞的詞性

「所」字既轉換一個動詞結，那麼中心詞必然該是個動詞；甚至是個外動詞（及物動詞）。但是，單純就論語看來，「所」字後中心詞的來源是多方面的，下文將逐項敘述。

1. 取自外動詞

「所」字後中心詞來自外動詞，是論語最常見的所字式詞組，主要的理由是所以要轉換動詞結爲名詞組，目的往往是爲了說明原動詞結中動詞涉及的對象，也就是可以做原動詞結動詞賓語的成分（案：原動詞結係指未加「所」字前原型的動詞結），加以外動詞的數量也較內動詞多，因此中心詞由外動詞出任的頻率也較高，如：

君子無所爭，必也射乎！（八佾）

富與貴，是人之所欲也。（里仁）

歸與！歸與！吾黨之小子狂簡，斐然成章，不知所以裁之！（公冶長）

2. 取自內動詞

一般都認爲「所」字後的中心詞不論是取自何種詞類，一旦加上「所」字，便具有外動性（即及物性），事實上並非如此。

論語有些所字式詞組，不僅中心詞取自純粹的內動詞（不及物動詞），而且加上「所」字，轉爲名詞組，它說明的依然由這內動詞結的行爲，所要形容的人物、時間、處所、方法、原由等。

所字式詞組或用來說明某個具有此內動詞結行爲的人物：

夫子循循然善誘人：博我以文，約我以禮。欲罷不能，既竭吾才，如有所立卓爾，雖欲從之，末由也已。（子罕）

或用來說內動詞結行爲發生的時間、處所：

禮之用，和爲貴；先王之道，斯爲美，小大由之。有所不行，知而和，不以禮節之，亦不可行也。（學而）

朋友死，無所歸。（鄉黨）

鄙夫！可與事君也與哉？其未得之也，患得之。既得之，患失之。苟患失之，無所不至矣！（陽貨）

或在「所」字和中心詞間加上介系詞「與」，用來說明共同具有此內動詞結行爲的人物。

君召使擯，色勃如也，足躩如也。揖所與立，左右手，衣前後。（鄉黨）

案：「所與立」乃說明與之同立者。

或在「所」字後加連介詞「以」字，表示產生此內動詞結行爲的憑藉：

不患無位，患所以立。不患莫己知，求爲可知也。（里仁）

或在「所」字和中心動詞間加帶有連介詞「以」字的動向補語「直道」及另一連接補語給述語的連介語「而」字，來說明產生此一內動詞結行爲的人物：

吾之於人也，誰毀誰譽？如有所譽者，其有所試矣。斯民也，三代之所以直到而可行也。（衛靈公）

3. 取自形容詞

「所」字既是轉換動詞結，中心詞怎會出現形容詞呢？在漢語語法中，一個形容詞有時會因致動、意動用法而變爲具有外動（及物）性。（註三八）當構成所字式詞組後，「所」字後中心詞在表層結構，便出現了形容詞的外象；實際上這已經是外動化的形容詞詞結。

論語也有不少句例出現中心詞來自形容詞的所字式詞組，都是用意動而來，在說明外動化形容詞詞結涉及的人、事、物，如：

視其所以，觀其所由，察其所安，人焉廋哉！人焉廋哉！（爲政）

案：「察其所安」，即察其以爲安者。

貧與賤，是人之所惡也，不以其道得之不去也。（里仁）

案：「惡」本是形容詞，「人之所惡」即人之以爲惡者。後世爲分別形容詞及外動形容詞，致有兩種音讀的分化。以下諸例可以隅友。

寓而可求也，雖執鞭之士，吾亦爲之；如不可求，從吾所好。（述而）

子之所愼，齊戰疾。（述而）

君子所貴乎道者三：動容貌，斯遠暴慢矣；正顏色斯近信矣；出辭氣，斯遠鄙倍矣。（泰伯）

興滅國，繼絕世，舉逸民，天下之民歸心焉。所重民、食、喪、祭。寬則得眾，信則民任焉。（堯白）

因民之所利而利之，斯不亦惠而不費乎？（堯白）

4.取自否定稱代詞

論語有一例所字式詞組中心詞取自否定稱代詞：

子見南子，子路不說。夫子矢之曰：「予所否者，天厭之！天厭之！」（雍也）

案：「否」爲否定稱代詞加「所」字，「否」有動詞化傾向，表意動。

5.取自副詞

論語只有一例所字式詞組，中心詞來自副詞：

日知其所亡，月無忘其所能，可謂好學也已矣！（子張）

案：「能」本是獸名，指「熊」一類，其後借爲副詞，表可能性。論語此例，是因此動詞結中的主要動詞，「爲」一類的詞在可知下省略，對「所」附在「能」字前，似乎「能」字已化爲動詞性詞語一般。

6.取自介系詞

論語有兩例所字式詞組，「所」字直接附在一個介系詞上，介系詞下卻沒有加上中心動詞：

視其所以，觀其所由，察其所安，人焉廋哉！人焉廋哉！（爲政）

案：「所以」、「所由」中，「以」、「由」都是介系詞，中心動詞應是「爲」、「行」一類的詞彙；由於可知下省略，單存介系詞「以」、「由」；「以」、「由」也恍如動詞般。

(二)「所」字的位置及動詞結的成分

1.「所」字直接連綴在中心詞上

這些句例的「所」字都是直接連綴在中心動詞上。下文便根據「所」後動詞結的成分加以分析。

(1)中心詞只是單一的動詞或兩個動詞的聯合

獲罪於天，無所禱也。（八佾）

視其所以，觀其所由，察其所安，人焉廋哉！人焉廋哉！（爲政）

富與貴，是人之所欲也，不以其道得之，不處也。（里仁）

子見南子，子路不說。夫子矢之曰：「予所否者，天厭之！天厭之！」（雍也）何哉？爾所謂達者。（顏淵）

案：「所禱」、「所以」、「所由」、「所安」、「所欲」、「所惡」、「所否」、「所謂」等都是將「所」字直接連綴在單一的中心詞前而構成了所字式詞組。其他的例子如「所爭」、「所及」、「所好」、「所愼」、「所歸」、「所知」、「所苟」、「所譬」、「所試」、「所聞」、「所亡」、「所能」、「所重」、「所利」等，都是將「所」貼在一個單一的動詞前，構成最簡單的所字式詞組。論語另有一例，中心詞是兩個動詞的聯合：

殷因於夏禮，所損益可知也。周因於殷禮，所損益可知也。（爲政）

案：「所損益」，「所」字帶著正反不同的兩個動詞，組成所字式詞組。這一類的所字式詞組，由於「所」字緊貼在一個動詞前，有些語法家便把「所」字視爲如「老張」、「小李」的「老」、「小」一般，當作詞頭看待。

(2)中心動詞後帶有賓語

「所」字轉換動詞爲名詞組的主要目的之一，也往往是爲了說明原動詞結中賓語代表的人物。這賓語或出現或不出現。出現時，這賓語和它前面的「所」字引導的動詞語也已經失去了句子的結合能力，它只變成一個名詞語而已，被用作端詞，和作加詞的所字式詞組構成一個加端詞，依上述看來，所字式詞組的中心動詞後，應該不會出現賓語的。但是，當一個帶有賓語的動詞結，它轉換成所字式詞組的目的不是爲了說明那賓語所代表的人物，而是爲了說明動詞結的行爲或情況發生的時間、機緣、處所、觀點、目的、原由、憑藉方法等，這個帶賓語的動詞結便整個的轉移成所字式詞組，賓語依然保持著中心動詞後賓語的身分，所以這類所字式詞組，「所」後的中心詞便帶有賓語。

論語中有五個「所」字直接連綴在中心詞前的例句，中心動詞後帶有賓語。

由也，好勇過我，無所取材。（公冶長）

名不正，則言不順；言不順，則事不成；事不成，則禮樂不興；禮樂不興，則刑罰不中；刑罰不中，則民無所錯手足（子路）

大哉孔子！博學而無所成名。（子罕）

飽食終日，無所用心，難矣哉！（陽貨）

君子所貴乎道者三：動容貌，斯遠暴慢矣；正顏色，斯近信矣；出辭氣，斯遠鄙倍矣。（泰伯）

案：「所取材」、「所成名」、「所措手足」、「所用心」分別在說明「取材之處」、「成名之時機」、「措手足三處」、「用心之時」都用作動詞「無」的賓語。「所貴乎道」是由「貴乎道」轉換而來的，（參閱四，所字式詞組探源），道亦是賓語，「所貴乎道」主要在說明「貴乎道之原由」或方面。

(3) 中心動詞後帶有補語

論語中有一例所字式詞組，「所」字後的中心動詞後，帶有樣態補語，來補充行爲的樣態。

夫子循循然善誘人：博我以文，約我以禮。欲罷不能，既竭吾才，如有所立卓爾，雖欲從之，末由也已。（子罕）

案：「所立卓爾」在說明「立卓爾之人」，動詞結的中心動詞「立」後帶有樣態補語「卓爾」。

2.「所」字位在帶有修飾語的動詞結前

論語中有些所字式詞組，中心動詞前有修飾語「不」、「雅」等字，「所」字便位在這「不」、「雅」前。

禮之用，和爲貴；先王之道，斯爲美，小大由之。有所不行，知和而和，不以禮節之，

亦不可行也。（學而）

君子尊賢而容眾，嘉善而矜不能。我之大賢與，於人何所不容？我之不賢與，人將拒我如之何其拒人也。（子張）

案：「何所不容」，較爲殊異，請參看四所字式詞組探源。

子所雅言，詩、書、執禮，皆雅言也。（述而）

3.「所」字位在帶有連介語的動詞結前

連介話是指在構句的層面上，具有連接或介系作用的語法成分。論語中有些所字式詞組，中心動詞帶有連介語；甚至於除連介語外，還有動向補語。其中有一例中心動詞後還有賓語。

不患無位，患所以立。不患莫己知，求爲可知也。（里仁）

歸與！歸與！吾黨之小子狂簡，斐然成章，不知所以裁之！（公冶長）

吾之於人也，誰毀誰譽？如有所譽者，其有所試矣。斯民也，三代之所以直道而行也。（衛靈公）

君子召使擯，色勃如也，足躩如也。揖所與立，左右手，衣前後。（鄉黨）

案：「所以立」、「所以裁之」、「所以直道而行」三例，「所」字都位在原動詞結的連介語「以」字前。「以」字都表憑藉，其中「所以裁之」，帶有賓語「之」；「所以直道而行」，「行」字前帶有原動詞結中連介語「以」字介系的動向補語（直到）及另一連介語「而」字。

「所與立」一例，「所」字位在原動詞結的連介語「與」字前，「與」字表共事。（參看四所字式詞組探源）這類例子，「所」字似乎和「以」、「與」組合得很密切，事實上「所」字帶領的依然是包括中心動詞及其他成分的動詞結，而不是只有「以」、「與」而已。

三、所字式詞組的句法職能

論語中的所字式詞組句例雖不多，卻可用爲多種的句法職能：賓語、主語、加詞、端詞等，茲分述如下：

(一) 用作敘述句的賓語

不患無位，患所以立。不患莫己知，求爲可知也。（里仁）

歸與！歸與！吾黨之小子狂簡，斐然成章，不知所以裁之！（公冶長）

殷因於夏禮，所損益可知也。周因於殷禮，所損益可知也。（爲政）

案：「所損益」是爲強調而提前的賓語。

不得中行而與三，必也狂狷乎！狂者進取，狷者有所不爲也。（子路）

回也！非助我者也！於吾言，無所不說。（先進）

案：以「有」、「無」作述語，帶有所字式詞組作賓語的句子，「有」、「無」並非和「所」結合成「有所」、「無所」，而是「所」字要連下讀。論語中有不少這類例子，也是文言常見的句子。

(二) 用作判斷句的主語

興滅國，繼絕世，舉逸民，天下之民歸心焉。所重民、食、喪、祭。寬則得眾，信則民任焉。（堯日）

案：「所重民、食、喪、祭」是判斷句，「所重」用作主語，「民、食、喪、祭」是判斷語。

(三) 用作加端詞組的加詞

論語有些句例，所字式詞組用作加端詞組的附加成分，如：

夫子之得邦家者，所謂立之斯立，道之斯行，綏之斯來，動之斯和，其生也榮，其死也哀，如之何其可及也。（子張）

所謂大臣者，以道事君，不可則止。（先進）

吾之於人也，誰毀誰譽？如有所譽者，其有所試矣。（衛靈公）

案：「所謂立之斯立，道之斯行，綏之斯來，動之斯和」、「所謂大臣者」、「所譬者」都是所字式詞組：「所謂」、「所譬」是加詞；「立之斯立……」、「大臣者」、「者」是端詞。其中「大臣者」又是加端詞組。

(四) 用作加端詞組的端詞

論語中有不少的句例，所字式詞組用作加端詞組中的主體詞，如：

七十而從心所欲，不踰距。（爲政）

子夏之門人，問交於子張。子張曰：「子夏云何？」對曰：「子夏曰：『可者與之，其不可者拒之。』」子張曰：「異乎吾所聞……。」（子張）

君子尊賢而容衆，嘉善而矜不能。我之大賢與，於人何所不容？我之不賢與，人將拒我如之何其拒人也。（同上）

野哉，由也！君子於其所不知蓋闕如也。

案：「心所欲」、「吾所聞」、「何所不容」、「其所不知」都是加端詞組，加詞「心」、「吾」、「何」、「其」，其他爲端詞。「何所不容」例較特殊，請參看四所字式詞組探源。

富與貴，是人之所欲也，不以其道得之，不處也。貧與賤，是人之所惡也，不以其道得之，不去也。（里仁）

因民之所利而利之，斯不亦惠而不費乎？（堯日）

案：「人之所欲」、「人之所惡」、「民之所利」都是加端詞組，加、端詞間有連接詞「之」字連接。

子見南子，子路不說。夫子矢之曰：「予所否者，天厭之！天厭之！」（雍也）

君子所貴乎道者三：動容貌，斯遠暴慢矣；正顏色，斯近信矣；出辭氣，斯遠鄙倍矣。（泰伯）

案：「予所否者」、「君子所貴乎道者」二例都屬加端詞組：端詞「者」，加詞「予所否」、「君子所貴乎道」。「予所否」、「君子所貴乎道」二語，也是加端詞組：端詞「所否」、「所貴乎道」，加詞「予」、「君子」。

四、所字式詞組探源

究竟所字式詞組是如何轉換而成的？這又是個頗費推敲的課題。

所字式詞組既是古漢語的遺產，而古人已矣，音聲全邈，吾人又怎能單憑文獻紀錄的表層結構，去窺探它深層（底層）的轉換歷程呢？因此，這推源的工作，實在是難上加難了。可是漢人靈犀；今昔相貫，語言傳承，古今一脈，語法規律，變中有定；因此不避固陋，敢從文獻的啓示及實際語言的模擬上，去推敲所字式詞組的源流。

㈠「所」字轉換主、謂式動詞結

主、謂式動詞結是指憑藉著造句關係構成，具有主語和謂語的句子形式。

論語中除「何所不容」一例，其他以所字式詞組爲端詞的加端詞組，將「所」字去掉，立刻展現一個主、謂式的句子形式。

由反面觀之，將「所」字置入一個動詞結的主、謂語間，「所」字就即刻和謂語合成所字式詞組，由動詞結轉成名詞組，於是失去了原有的造句關係，而構成了以所字式詞組爲端詞，以原主語爲加詞的加端詞組，加、端詞可直接連接，也可以在中間加連接詞「之」字。

下文舉例加以說明。句例頗多，每一類取一、二例，其他可以隅反，下同。如：

舉其所知，爾所不知，人其舍諸。（子路）

案：「爾所知」、「爾所不知」，原動詞結爲「爾知」、「爾不知」。由於這類動詞結轉換成所字式詞組的目的都在說明原動詞結涉及的對象，也就是可以做原動詞結賓語的成分，因此極容易被認爲它的原型是「爾知（之）」、「爾不知（之）」。筆者認爲「所」字的作用只是在轉換動詞結爲名詞組去說明某種人、事、物。漢語語法單用一個動詞或帶修飾語、補語去形容某種人、事、物的加端詞組甚多，這類作加詞的，有的也不帶賓語，也就不必過分堅持「所」字轉移的一定是個有賓語的動詞結。

其他的例子如「心所欲」、「爾所及」、「吾所好」、「己所不欲」、「吾所聞」等。

因民之所利而利之，斯不亦惠而不費乎？（堯曰）

案：「民之所利」，原動詞結爲「民利」，「利」爲意動作用的外動化形容詞。轉換後加、端詞間加「之」字，也較不傾向於由「民利（之）」轉換。

子之所愼，齊、戰、疾。（述而）

富與貴，是人之所欲也，不以其道，得之不處也。（里仁）

斯民也，三代之所以直道而行也。（衛靈公）

案：上舉三例所字式詞組爲端詞的加端詞組，都是用作「甲等於乙」的判斷句中的主語或判斷語（即謂語），因此極容易被認爲「所」字是將敘述句「子愼、齊、戰、疾」、「人欲富與貴」、「人惡貧與賤」轉化，原賓語轉換爲判斷語或主語，而「所」字加在主、謂（述）語間構成的加端詞組作主語或判斷語。但是「斯民也，三代之所以直到而行也」，無論如何都不能認作是敘述句「三代以直道而行斯民」的轉換。因此筆者認爲，儘管「子之所愼，齊、戰、疾」和「子愼齊戰疾」句意相同，只是判斷和敘述的說話方式不同而已，但是筆者仍然認爲「子之所愼……」等說明的是泛指的「某些人、事物」而已，最多只是「子愼（某些人、事、物）」的變形，而不必就是「子愼齊戰疾」的變形，其他例句可類推。

又案：「行」是內動詞，「三代之所以直道而行」非說明原動詞結的賓語，只是來泛指「某些人民」。

又如：

子所雅言。詩、書、執禮，皆雅言也。（述而）

案：「子所雅言」是判斷句的謂語，「此」、「是」一類的主語來出現，也不認爲是「子雅言（此）」的轉換，而是「子雅言」直接的轉化。

君子於其所不知，蓋闕如也。（子路）

案：「其所不知」爲「彼不知」的變形，加「所」後，又在加、端詞間加「之」爲「彼之所不知」，「彼之」合音爲「其」。

其他的例子如：「其所安」、「其所亡」、「其所能」。

又案：「視其所以」、「觀其所由」也是這類例句，不同的是「其所以」、「其所由」，原型「其以」、「其由」下有中心動詞「爲」、「行」一類，在可知下省略，「以」、「由」二字由連介語直接轉換爲所字式詞組。當然如果直接將「以」、「由」視爲動詞性詞語，可節省許多說辭，但卻嚴重的忽略語法的眞象。

再如：

子見南子，子路不說。夫子矢之曰：「予所否者，天厭之！天厭之！」（雍也）

君子所貴乎道者三：動容貌，斯遠暴慢矣；正顏色，斯近信矣；出辭氣，斯遠鄙倍矣。（泰伯）

案：「者」字屬泛指意義的詞，筆者以爲不在轉換之列。「予所否」、「君子所貴乎道」，原型「予否」、「君子貴乎道」。「否」爲否定稱代詞，用爲意動作用的外動化詞語。「貴」爲形容詞，也用在意動，「道」爲賓語，卻不是要說明的對象，也在轉換之內。

(二)「所」字轉換謂語式動詞結

謂語式動詞結是指憑藉著造句關係構成，沒有主語，但存謂語的句子形式。論語中有許多所字式詞組，去掉「所」字，即是謂語式詞結。謂語成份或是取自一個動詞，或取自兩個動詞的聯合；或中心詞前帶有修飾語或連介語；或中心詞後帶有賓語或補語。如：

吾之於人也，誰毀誰譽，如有所譽者，其有所試矣。（衛靈公）

君子於其言，無所苟而已矣。（子路）

不得中行而與之，必也狂狷乎。狂者進取，狷者有所不爲也。（子路）

必有寢衣，長一身有半。狐貉三厚以居，去喪，無所不佩。（鄉黨）

殷因於夏禮，所損益可知也。周因於殷禮，所損益可知也。（爲政）

案：「所試」、「所苟」、「所不爲」、「所不佩」、「所損益」，原謂語「試」、「苟」、「不爲」、「不佩」、「損益」。由於這類所字式詞組主要在說明「苟」等動詞涉及的對象，也就是可以做「苟」等賓語的成分，因此或者也會被認爲是「試（之）」、「苟（之）」、「不爲（之）」、「不佩（之）」、「損益（之）」等的變形。

其他的例子如「所爭」、「所禱」、「所不說」。

夫子循循然善誘人：博我以文，約我以禮。欲罷不能，既竭吾才，如有所立卓爾，雖欲從之，末由也已。（子罕）

朋友死，無所歸。（鄉黨）

禮之用，和爲貴；先王之道，斯爲美，小大由之。有所不行，知和而和，不以禮節之，亦不可行也。（學而）

鄙夫！可與事君也與哉？其未得之也，患得之。既得之，患失之。苟患失之，無所不至矣！（陽貨）

案：原謂語「立卓爾」、「歸」、「不行」、「不至」，中心詞都是內動詞。如果認爲「所立卓爾」是「人立卓爾」的變形，那麼所字式詞組不僅可以說明原敘述句的賓語，也可以說明主語。由「人立卓爾」、「立卓爾之人」而至「所立卓爾」。

「歸」等後三例都是在說明時間、處所。如果非堅持認爲「所」字後動詞都是外動詞都在稱代賓語，而把時間、處所補語等也歸入賓語的話，那麼這些又可以是「歸（於是）」、「不行（於是）」、「不至（於是）」等的變形。

筆者並不贊成將「所試」、「所立卓爾」、「所歸」等推源至「試（之一）」、「（人）立卓爾」、「歸（於是）」等，而是認爲「所」本來就只是加在「試」、「立卓爾」、「歸」等動詞結上，將它轉換成名詞組，用來說明某種人、事、物、時間、處所等而已。

其他的例子如「所不行」。

再如：

興滅國，繼絕世，舉逸民，天下之民歸心焉。所重民、食、喪、祭。寬則得眾，信則民任焉。（堯曰）

案：原謂語「重」具有意動作用。此例也極易被認爲是「重民、食、喪、祭」敘述句轉換成的判斷句，以「所」加謂語「重」爲主語，賓語轉爲判斷句。

又如：

不患無位，患所以立。不患莫己知，求爲可知也。（里仁）

君召使擯，色勃如也，足躩如也。揖所與立，左右手，衣前後。（鄉黨）

案：原謂語「以立」，來說「立」的憑藉，以乎是由「以（之）立」轉成。說明的正是那「之」字。「與之」說明「與之立者」，說明的卻不是「與」下的「之」。

又：

所謂大臣者，以道事君，不可則止。（先進）

何哉？爾所謂達者。（顏淵）

案：原謂語爲「謂大臣者」、「謂達者」，古漢語中，常有將名詞加「者」字，以重複指稱，轉成「所謂大臣者」、「所謂達者」後，立刻化成以原賓語爲端詞，所字式爲加詞的加端詞組。

其他的例子如「所謂立之斯立，道之斯行，綏之斯來，動之斯和」，原型爲「謂立之斯立……」。又「所欲者」，「者」字泛指不在轉換之內，「所欲」原型爲「欲」。

歸與！歸與！吾黨之小子狂簡，斐然成章，不知所以裁之。（公冶長）

大哉孔子！博學而無所成名。（子罕）

案：這些所字式轉換的是包括賓語的整個謂語。

其他的例子如「所取材」、「所措手足」、「所用心」。

最後談談最難解的一個例子：

君子尊賢而容衆，嘉善而矜不能。我之大賢與，於人何所不容？我之不賢與，人將拒我，如之何其拒人也。（子張）

案：「於人何所不容」，無可置疑的是個判斷句。主語是「於人」或「於人所不容」，判斷語是「何所不容」或「何」，是個難抉擇的問題，筆者比較相信「何所不容」是一體的。「何所不容」的原型是「何不容」，「何」爲前置的疑問代詞賓語，轉換時「所」插入其中，轉爲名詞性的所字式詞組，和「何」間失去造句關係，「何」成爲加詞，所字式詞組爲端詞。

（原刊於國立中央大學人文學報第六期）

【附註】

註一　「句子成分」是指造構句子的成員，如主語、謂語、賓語、補語等。

註二　漢語是單音節語言，一個方塊字就是一個音節。「詞」是語言表意的最小基素，具有獨立完整的意義；「單音詞」是由一個字（音節）構成的，「複音詞」是由兩個以上的字構成的。

註三　「詞結」是由兩個以上的詞，憑藉著造句關係結合而成的句子形式，卻不獨立爲句子使用，只作其他獨立句的構成材料，它可以是具主語和謂語的整個句子形式，也可以只是一個謂語形式。

註　四　說文：「所，伐木聲也，从斤戶聲，詩云，伐木所所。」（藝文印書館）

註　五　說文段注：「小雅伐木文首章：伐木丁丁。傳曰：丁丁，伐木聲。次章：伐木許許。傳曰：許許，柹皃。此許許作所所者，聲相似，不用柹皃之說，用伐木聲之說者，蓋許以毛爲君，亦參用三家也。今按丁丁者，斧斤聲，所所則鋸聲也。」（同上）

註　六　所作處所解。如「在於王所者，長幼尊卑皆薛居州也。」（孟子滕文公下）又「勤而無所，必有悖心」（左傳僖公卅二年冬）（見藝文印書館十三經注疏本，下同）取其引申義也。

註　七　「連介語」是指在句中具有連接和介系作用的成分。

註　八　如「吾悔不用蒯通之計，乃爲兒女子所詐。」（史記淮陰侯列傳）（世界書局新校史記三家註）

註　九　參見漢語史稿，第四八節，被動式的發展。

註一〇　如論語：「出則事公卿……不爲酒困，何有於我哉！」（子罕）（藝文印書館，十三經注疏本，下同）。

註一一　如論語：「長沮桀溺耦而耕，孔子過之，使子路問津，長沮曰：『夫執輿者爲誰？』」（微子）

註一二　參見馬建忠先生校注「文通」，頁六三。（世界書局）

註一三　劉復先生「中國文法講話」頁一〇三—一一一。（古亭書屋）

註一四　參見楊樹達先生「詞詮」—「所」字，（鼎文書局楊樹達叔姪文法名著三種），頁六六六。

註一五　參見許師詩英先生「中國文法講話」，頁二十，（開明書店）王了一先生「漢語史稿」，頁二九七—二九八。（泰順書局）

註一六　參見周法高先生「中國古代語法」第七章第一，頁三六七（台聯國風出版社）

註一七　同註十六，造句編，頁五三—五四。

註一八　參見王了一先生「中國語法理論」頁二六六—二六七。（泰順書局）

註一九　參見王了一先生「漢語史稿」頁二九五—二九八。（泰順書局）

註二〇　「晉國天下莫強焉，叟之所知也。」（孟子梁惠王上）（孟子詞句根據藝文印書館，十三經注疏本，下同。凡孟子文句加孟子曰，梁惠王曰等，都是爲文獻記錄而作，實際語言只是曰字後語辭，因此，引文只直接取用曰下語詞。）

註二一　「所以謂人皆有不忍人之心者，今人乍見孺子將入於井，皆有怵惕惻隱之心，非所以內交於孺子之父母也……」（孟子公孫丑上）

註二二　「故將大有爲之君，必有所不召之臣。」（孟子公孫丑下）

註二三　「其爲氣也，配義與道，無是餒也，是集義所生者。」（孟子公孫丑上）
「所求於人者重，而所以自任者輕」（孟子盡心下）。

「齊人有一妻一妾而處室者，其良人出，則必饜酒肉而後反，其妻問所與飲食者，則盡富貴也。」（孟子離婁下）

註二四　「所謂故國者，非謂有喬木之謂，有世臣之謂也。」（孟子梁惠王下）

註二五　「堯舜之治天下，豈無所用其心哉！」（孟子滕文公上）

註二六　「夫舜惡得而禁之，夫有所受之也！」（孟子盡心上）

註二七　「拱把之桐梓，人苟欲生之，皆知所以養之者」（孟子告子上）

註二八　參考註一三。

註二九　「仲子所居之室，伯夷之所築與？抑亦盜跖之所築與？」（孟子滕文公下）

註三〇　「堯相舜二十有八載，非人之所能爲也，天也。」（孟子萬章上）「（齊宣）王曰：『否，吾所快於是，將以求吾所大欲。』」（孟子梁惠王下）

註三一　參見註一八。

註三二　參見註一九。

註三三　見註一七。

註三四　見拙著「南北朝譯書四種語法研究」頁一一八。

註三五　「見」字作助動詞，如楊樹達先生「詞詮」頁六〇二，王了一先生「漢語史稿」頁四二二，作詞頭，如許師詩英先生「中國文法講話」頁二十。

註三六　「連接詞」者，如楊樹達先生「詞詮」頁六一六。「介系詞」者，如王了一先生「漢語史稿」頁三三五。

註三七　論語文字根據藝文印書館，十三經注疏本，又「子曰」、「曾子曰」、「子夏曰」等，是爲文獻記錄而用，實際語言只在「曰」後說辭。爲不妨礙語法解析，除某些句例牽扯上下文，須照舊引出外，其他一律删除，句例以足以說明語法作用爲主，不引出全文。

註三八　參見「漢語史稿」第四三節，詞在句中的臨時職務。

韻略易通研究

韻略易通一書，簡稱韻略，是早期官話史料中的一環。作者蘭茂，字廷秀，號止菴，又號和光道人，明雲南嵩明州楊林人。書著成於明英宗正統壬戌七年（西元一四四二年），上距元泰定（西元一三二四年）年間寫成的周德清中原音韻一百多年。易通編書的動機，在於「欲便於識認」，並不泥於古韻經史，僅將「應用便俗字樣收入」，是部通俗的字書。四庫總目提要因此譏其「變古法以就方音」的淺陋（卷四十四經部小學類存目二）。然而正因爲蘭氏敢於脫出傳統韻書、經史字音的羈絆，以當時通俗語音爲根據，才能著成足以代表明正統年間一種官話方言的紀錄。

下文我們將就聲母、韻母、聲調三方面，來研討韻略易通的語音結構，並擬定它的字音。

一、聲　母

易通在聲母方面具有創造性的革新。蘭氏將被他視爲「犯重者十六」的等韻三十六字母歸併成二十字母，並自立早梅詩「東風破早梅，向暖一枝開，冰雪無人見，春從天上來」四句二十字作爲當時二十個聲母的代表。這二十個聲母和中原音韻最大的差異，只在舌根鼻音「ŋ」聲母的消失而已。

中古牙音「疑」（ŋ- ）母字，演變至中原音韻， 演變至中原音韻，分成三類聲母：

1.舌根鼻音 ŋ：中原音韻中少數中古疑母字依然保存 ŋ 聲母。

a. 仰（ ŋiaŋ ）： 養（iaŋ）（江陽上）

仰（ ŋiaŋ ）： 釀（niaŋ）： 樣（iaŋ）（江陽去）

b. 傲（ ŋau ）： 鬧（nau）： 奧（au）（蕭豪去）

虐（ ŋiau ）： 約（iau）（蕭豪入作去）

c. 業（ ŋie ）： 揑（nie）： 葉（ie）（車遮入作去）

d. 我（ ŋo ）： 娜（nuo）： 婀（o）（歌戈上）

2.舌尖鼻音 n：「囓臬（山開四屑疑母）蘖（山開三薛疑母）」等中古疑母字由 ŋ 聲母轉爲 n 聲母，和「涅（山開四屑泥母）」同音，出現中原音韻「車遮」入作去。

3.無聲母：大部分中古疑母字消失 ŋ 聲母，轉成無聲母，和中古「影」母「喻（云三以四）」母合併。如「牛（流開三疑）尤（流開三云）」、「岳（江開二疑）約（宕開三影）」都是無聲母。

易通二十字母已沒有「 ŋ 」聲母，「仰」、「傲」、「虐」、「業」、「我」都出現一母（ o- ）下，且「囓臬蘖」等字也讀成無聲母。舌根鼻音 ŋ 聲母在韻母前完全消失，轉爲無聲母的語音演變，原則，正可說明中古疑母字到易通的演變（註一）。

易通「無」母依然保存中古的「微」母，以唇齒濁擦音「 v 」作聲母。

易通「枝（ tʃ- ）」、「春（ tʃ'- ）」、「上（ ʃ- ）」、「人（ ʒ- ）」四母來自等韻照系（「照」「穿」「牀」「審」「禪」）和知系（「知」「徹」「澄」）。除了東洪韻照二莊系（「莊」「初」「崇」「生」「俟」）知二系（「知」「徹」「澄」）和照三章系（「章」「昌」「船」「書」「禪」）知三

（「知」「徹」「澄」）已合成同一的合口洪音「uŋ 」韻母外，其他各韻依然保持等韻二三等洪細的對比。「枝」「春」「上」「人」（只有細音）既可配洪音細音，自然不能如國語「tʂ、tʂ'、ʂ ʐ」的捲舌化，仍是舌尖面混合的「tʃ、tʃ'、ʃ、ʒ」。

易通「早」（ts－）、「從」（ts'－）、「雪」（s-）、「見」（k-）、「開」（k'-）「向」（x-）「一」（o-）等聲母，和中原音韻相同可配洪音細音。

早梅詩二十字母，標音位如下：

東 t 風 f 破 p' 早 ts 梅 m 向 x 暖 n 一 o 枝 tʃ 開 k' 冰 p 雪 s 無 v 人 ʒ 見 k 春 tʃ' 從 ts' 天 t' 上 ʃ 來 l 。

二、韻　母

易通分二十韻，比中原音韻多出一韻。以下就平上去三聲與入聲兩部分，依序探討各韻韻母。

甲　平上去三聲

(一) 東　洪

uŋ

琫（p-）（註二）蓬拌（p'-）蒙蠓夢（m-）捧鳳（f-）東董洞（t-）通桶痛（t'-）農齈（n-）龍隴弄（l-）宗總縱（ts-）從慫（ts'－）松悚宋（s-）中冢重（tʃ-）重寵銃（tʃ'-）舂（ʃ）戎宂（ʒ-）公鞏貢（k-）空孔空（k'-）洪嗊閧（x-）翁蓊甕（o-）

iuŋ：

恭拱共（k-）窮恐（k′-）雄洶（x-）容勇（o-）

易通「東洪」，和中原音韻「東鍾」相當，來自等韻通攝。通合三「東」（註三）「鍾」除喉牙音（註四）尚保持合口細音，構成iuŋ外，其餘一律消失介音i，轉爲合口洪音，和通合一「東」、「冬」合併，構成uŋ。莊二與章三的合併，中原音韻已如此。而中原音韻尚保持洪細對比的「農」與「濃」（n-）「籠」與「龍」（l-）（註五）「宗」與「蹤」（ts-）、「叢」與「從」（ts′-）、「鬆」與「松」（s-），在易通都變成了同音字。（註六）

㈡ 江　陽

ɑŋ：

邦榜傍（p-）滂髈胖（p′-）忙莽漭（m-）方倣放（f-）亡罔妄（v-）當党當（t-）堂攩揚（t′-）囊曩儾（n-）郎朗浪（l-）臧駔葬（ts-）倉倉𥉻（ts′）桑顙喪（s－）岡掆（k-）康慷炕（k′-）杭頏沆（x-）昂坱盎（o-）

iɑŋ：

孃釀（n-）良兩量（l-）將蔣匠（ts-）牆搶蹡（ts′-）相想相（s-）張長漲（tʃ-）長敞唱（tʃ′-）商賞上（ʃ-）穰壤讓（ʒ-）江講虹（k-）強勥弶（k′-）香響向（x-）陽養漾（o－）

uɑŋ：

莊奘壯（tʃ-）窻磢創（tʃ′-）霜爽𩁹（ʃ-）光廣桄

（ k- ）匡曠（ k′ 一 ）皇帨晃（ x- ）王往旺（ o- ）

易通「江陽」和中原音韻「江陽」相當，來自等韻江、宕二攝。江開二江（除喉牙音及莊系知系外）、宕開一唐及宕開三陽唇音字合成 ɑŋ； 江開二江韻喉牙音產生介音 i，和宕開三陽韻合成 iɑŋ（註七）；江開二莊系知系字產生介音 u，由開口洪音轉為合口洪音 uɑŋ，宕合三陽韻失去介音 i，由合口細音轉為合口洪音，和宕合一唐韻合併成 uɑŋ。（註七）

易通「江陽」和中原音韻不同的是，中原音韻依然保持著宕合一（唐）和宕合三（陽）的洪細對比。去聲「晃幌（宕合一蕩匣）」和「況貺（宕合三漾曉）」不同音，即前者為uɑŋ，後者為 iuɑŋ。到了易通，這些字都是同音字，「 iuɑŋ」 韵母已轉成「 uɑŋ」了。

㈢ 真 文

ən：

奔本逩（ p- ）歕噴（ p′- ）門悶（ m- ）分粉忿（ f- ）文刎問（ v- ）臻榛（ tʃ- ）榛襯（ tʃ′- ）粈（ ʃ- ）根良（ k- ）懇硍（ k′- ）哏狠恨（ x- ）恩（ o- ）（註八）

iən：

賓稟臏（ p- ）貧品（ p′- ）民敏（ m- ）紉（ n- ） 鄰嶙遴（ l- ）津儘盡（ ts- ）親親（ ts′- ）辛信（ s- ） 眞軫震（ tʃ- ）嗔輾疢（ tʃ- ）身哂愼（ ʃ- ）人忍認（ ʒ- ）巾謹近（ k- ）勤（ k′- ）欣釁舋（ x- ）因引印（ o- ）

uən：

敦盾頓（ t- ）呑吨褪（ t′- ）麐嫩（ n- ）論碖論（

(l-)尊樽俊(ts-)村忖寸(ts′)孫損遜(s-) 昆鯀棍(k-)坤悃困(k′-)昏混慁(x-)溫穩諢(o-)

yən：

倫綸(l-)皴(ts′-)旬筍峻(s-)諄准稕(tʃ-)春蠢(tʃ′-)脣盾順(ʃ-)犉蝡閏(ʒ-)君窘郡(k-)羣(k′-)熏訓(x-)氳隕運(o-)

易通「眞文」和中原音韻「眞文」相當，來自等韻臻攝。臻開一「痕」(除去透母「吞」變合口洪音外)、臻開二「臻」、臻合一「魂」、臻合三「文」脣音字，構成ən ；臻開三「眞」，「欣」合成iən ；臻合一「魂」(脣音字除外)是uən ；臻合三「諄」(除去精母「遵」)、「文」(除去脣音字)合成yən。(註九)

(四) 山寒

an：

班板辦(p-)攀襻(p′-)蠻慢(m-)番反飯(f-)晚萬(v-)丹担旦(t-)壇担炭(t′-)難赧難(n-)蘭懶爛(l-)儹贊(ts-)餐粲(ts′-)珊散散(s-)饘盞綻(tʃ-)鏟產懺(tʃ′-)(註十)山潸汕(ʃ-)干幹榦(k-)看侃看(k′-)寒罕漢(x-)安喭(o-)

ian：

間簡諫(k-)慳(k′-)閑僩限(x-)顏眼晏(o-)

uan：

跧饌(tʃ-)(註十一)孱𧂄篡(tʃ′-) (註十二)拴涮(ʃ-)(註十三)關慣(k-)還皖患(x-) 頑綰腕

(o-)

易通「山寒」和中原音韻「寒山」相當，來自廣韻山攝一二等及少數咸二攝三等字。山開一寒山合二刪唇音字、山合三元唇音字、咸合三「凡」唇音字(註十四)合成an ;山開二山刪喉牙音產生介音i，合成ian ;山合二山刪(除唇音字外)、及山開三合三仙韵莊系字(註十五)，合成uan。

㈤ 端 桓

on :

般半(p-)潘判(p′-)漫滿漫(m-)

uon :

耑短斷(t-)湍疃彖(t′-)暖(n-)欒卵亂(l-)鑽纂鑽(ts-)攢爨(ts′-)酸算(s-)官管盥(k-)寬款鏉(k′-)歡滐喚(x-)剜椀翫(o-)

易通「端桓」，和中原音韻「桓歡」相當，來自等韵山攝合口一等「桓」韻。它和山寒的差異，是「端桓」的主要元音爲舌面後圓唇半高元音「o」，而「山寒」爲舌面前展唇低元音「a」。唇音字是on，其他是uon。

㈥ 先 全

ien :

邊貶便(p-)偏諞片(p′-)眠免面(m-)顚典殿(t-)天腆(t′)年撚晛(n-)連辇練(l-)煎剪箭(ts-)千淺茜(ts′-)先跣霰(s-)氈展戰(tʃ-)纏闡搘(tʃ′-)羶善(ʃ-)然(ʒ-)堅蹇見(k-)牽遣繾(

k'- ）軒顯縣（ x- ）煙偃鷰（ o- ）

yen ：

攣臠戀（ l- ）鐫雋（ ts- ）銓（ ts'- ）宣選選（ s- ）專轉囀（ tʃ- ）川喘釧（ tʃ'- ）船舛（ ʃ- ）撋輭瞑（ ʒ- ）娟捲卷（ k- ）圈犬券（ k'- ）喧泫楦（ x- ） 淵遠院（ o- ）

易通先全，和中原音韻「先天」相當，來自等韻山攝三四等字。山開三「元」「仙」（除歸入山寒莊系字外）、山開四先，合成 ien ；山合三元（除唇音字外）、山合三仙（除莊系字外）山合四先，合成 yen 。

(七) 庚 晴

əŋ ：

崩絣迸（ p- ）朋磅（ p'- ）萌猛孟（ m- ）登等鄧（ t- ）滕霕（ t'- ）能（ n- ）楞冷稜（ l- ）增䁖（ ts- ）層蹭（ ts'- ）僧（ s- ）爭諍（ tʃ- ）撐掌（ tʃ'- ） 生省貹（ ʃ- ）庚梗更（ k- ）坑肯揹（ k'- ）亨荇（ x- ） 譻（ o- ）

iəŋ ：

冰餅竝（ p- ）平聘（ p'- ）明茗命（ m- ）丁鼎定（ t- ）聽挺聽（ t'- ）寧顊甯（ n- ）靈領令（ l- ） 精井靜（ ts- ）青請倩（ ts'- ）星醒性（ s- ）貞整（ tʃ- ）稱逞秤（ tʃ'- ）升盛（ ʃ- ）仍扔（ ʒ- ）京景敬（ k- ）卿檾慶（ k'- ）興涬幸（ x- ）英影映（ o- ）

uəŋ ：

觥鑛（k-）薨橫（x-）

yəŋ：

扃璟（k-）傾頃（k'-）（註十六）兄迥敻（x-）榮永泳（o-）

易通「庚晴」和中原音韻「庚青」相當，來自等韻梗曾二攝。梗開二「庚」「耕」、曾開一「登」，合成 əŋ；梗開三「庚」「清」、梗開四「青」、曾開三「蒸」合成 iəŋ；梗合二「庚」、「耕」、曾合一「登」，合成 uəŋ；梗合三「庚」「清」、梗合四「青」、曾合三「蒸」，合成 yəŋ。

中原音韻「庚青」和「東鍾」脣音字有重見情形，而易通「庚晴」和「東洪」却沒有一字重見。

值得一提的是中原音韻「庚青」和易通「庚晴」中的表現可以看出，等韻梗攝開口二等喉牙音字在中原音韻中，是和梗開三梗開四曾開三合併；也就是中原音韻「庚青」中，梗開二喉牙音和其他各攝喉牙音的表現相同，都產生介音 i，變成細音。而易通中却非如此，梗開二喉牙音沒有產生介音 i，和曾開一合併，依然是開口洪音。而易通其他各韻仍遵循喉牙音產生介音 i 的語音演變原則。易通的表現，是和國語相近的。（註十七）（註十八）（註十九）

(八) 侵尋

əm：

簪譖譛（tʃ-）岑磣讖（tʃ'-）森瘮滲（ʃ-）

iəm：

紝恁賃（n-）（註二十）林廩臨（l-）浸浸（ts-）

侵寢沁（ts′-）心蕈（s-）針枕朕（tʃ-）沈瞫闖（tʃ′-）深審甚（ʃ-）任飪任（ʒ-）今錦禁（k-）衾（k′-）歆（x-）吟飲蔭（o-）

易通「侵尋」，和中原音韻「侵尋」相當，來自等韻深攝侵韻。除莊系字已由開口三等細音，轉爲開口二等洪音，讀 əm 外，其餘諸母字都是 iəm。

(九) 緘咸

am：

眈膽淡（t-）貪禫撢（t′-）南腩（n-）藍覽濫（l-）簪昝暫（ts-）叅慘（ts′-）三糝三（s-）詀斬湛（tʃ-）攙歜譖（tʃ-）衫摻釤（ʃ-）甘感紺（k-）堪砍闞（k′-）酣頷撼（x-）庵揞暗（o-）

iam：

監減鑑（k-）敨扖（k′-）咸喊陷（x-）巖黯（o-）（註二十一）

易通「緘咸」，和中原音韻「監咸」相當，來自等韻咸攝一二等字。咸開一「覃」「談」、咸開二「咸」「銜」（除喉牙音外），合成 am；咸開二「咸」「銜」喉牙音產生介音 i，主要元音沒有轉成三四等的 e，依然是 a，合成 iam。

(十) 廉纖

iem：

玷點店（t-）添忝掭（t′-）拈念（n-）廉斂歛（l-）尖漸（ts-）僉塹（ts′-）銛（s-）占颭占（tʃ-）襜

詔轎(tʃ'-)蟾閃苫(ʃ-)髯冉染(ʒ-)兼檢儉(k-)謙嗛欠(x-)杴險(x-)炎琰艷(o-)

易通「廉纖」，和中原音韻「廉纖」相當，來自等韻咸攝三四等字。咸合三「凡」韻唇音字輕唇化，聲母變「f」，而韻母變開口，又因受聲母唇音異化作用，韻尾「m」轉成「n」歸入山寒。而其他「凡」韻字也失去介音u，由合口細音轉為開口細音，和咸開三「鹽」、「嚴」、咸開四「添」合成「iem」。

(十) 支辭

Ï：

資子自(ts-)雌此次(ts'-)思死四(s-)支止至(tʃ-)差齒翅(tʃ'-)師史士(ʃ-)而耳二(ʒ-)

易通「支辭」，和中原音韻「支思」相當，來自等韻止攝開口三等(「支」「脂」「之」)照系(照二莊系、照三章系)及精系字(註二十二)這些字完全失去介音ï及韻尾ï，主要元音轉為高元音ï。Ï在這一韻裡代表了兩個同位音：舌尖前高元音ɿ，出現在ts(早)、ts'(從)、s(雪)母後；舌尖後高元音ʅ，出現在tʃ(枝)、tʃ'(春)、ʃ(上)、ʒ(人)母後。這時的「而耳二」等中古日母字，依然是「ʒʅ」，而不是國語的「ə́」。

(土) 西微

i：

篦比芘(p-)皮否屁(p'-)迷米謎(m-)隄底地(t-)梯體替(t'-)尼你膩(n-)黎李利(l-) 虀濟霽

(ts-)妻泚砌(ts'-)西洗細(s-)知豸智(tʃ -)癡耻熾(tʃ'-)世(ʃ-)幾己計(k-)溪豈氣(k'-) 奚喜戲(x-)衣以异(o-)

ei：

悲俾背(p-)裴蓓配(p'-)梅美妹(m-)飛匪廢(f-)微尾未(v-)

uei：

堆對(t-)推腿退(t'-)捼餒內(n-)雷蜼耒(l-)嗺嘴醉(ts-)催璀翠(ts'-)雖髓歲(s-) 追箠綴(tʃ -)吹揣吹(tʃ'-)誰水瑞(ʃ-)婑蕊芮(ʒ-)歸癸貴(k-)魁揆喟(k'-)灰毀會(x-)威委位(o-)

易通「西微」和中原音韻「齊微」相當，來自等韻止攝大部分和蟹攝一部分。止開三「支」、「脂」（韻鏡位在三等的唇音字除外）、「之」、「微」、蟹開三去聲「祭」「廢」、蟹開四「齊」，合成 i ；止開三「脂」韻鏡位在三等唇音字（位在四等唇音字依然是 i ）、止合三「微」唇音字、蟹合一「灰」合三「廢」唇音字合成 ei ；止合三「支」「脂」（莊系字歸入「皆來」除外）、微（唇音字除外），蟹合一灰（唇音字除外）泰（「外」字除外）、蟹合四「齊」等合成 uei 。（註二十三）

㈢ 居 魚

y：

袽女(n-)廬呂慮(l-)且沮聚(ts-)趨取娶(ts'-)，須醑序(s-)朱主住(tʃ-)樞楮處(tʃ'-)書暑樹(ʃ-)如乳茹(ʒ-)居舉句(k-)驅齲去(k'-)

噓許酗（ x- ）魚雨御（ o- ）

易通「居魚」，和中原音韻「魚模」中的「 iu 」韻母字相當，來自等韻遇攝合口三等「魚」「虞」（莊系字除外）。易通須將中原音韻「魚模」（「 u 」、「 iu 」）分成「居魚」、「呼模」二韻，顯示出「 iu 」韻母已合成「 y 」，不得不與「 u 」韻母的「呼模」分家了。

㈣ 呼 模

u ：

浦補步（ p- ）鋪普鋪（ p′- ）模母暮（ m- ）夫府父（ f- ）無膴務（ v- ）都覩度（ t- ）圖土兔（ t′- ） 奴弩怒（ n- ）盧魯路（ l- ）租祖祚（ ts- ）麤醋（ ts′- ） 蘇素（ s- ）阻助（ tʃ- ）初楚抙（ tʃ′- ）疎所數（ ʃ- ） 孤古故（ k- ）枯苦庫（ k′- ）呼虎戶（ x- ）烏五誤（ o- ）

易通「呼模」和中原音韻「魚模」的「 u 」韻字相當，來自等韻遇攝含口一等「模」及合口三等「魚」「虞」莊系字。

㈤ 皆 來

ai ：

擺拜（ p- ）排牌派（ p′- ）埋買賣（ m- ）懛歹大（ t- ）台嚎太（ t′- ）鼐乃鼐（ n- ）來鑗賴（ l- ） 哉宰載 ts- ）才采菜（ ts′- ）顋塞（ s- ）齊抧債（ tʃ- ）釵跐瘥（ tʃ′- ）籭灑曬（ ʃ- ）該改溉（ k- ）開凱慨（ k′- ） 孩海亥（ x- ）哀靄愛（ o- ）

iai ：

皆解解（k-）揩楷（k′-）鞋蟹解（x-）挨矮睚（o-）

uai：

搋揣膗（tʃ′-）衰帥（ʃ-）乖枴怪（k-）擓蒯快（k′-）懷壞（x-）咼崴外（o-）

易通「皆來」和中原音韻「皆來」相當，來自等韻蟹攝一二等大部分字又止攝合口三等莊系（照二）字。蟹開一「咍」「泰」、蟹開二「皆」「佳」「夬」（喉牙音除外）合成「ai」；蟹開二喉牙音產生介音 i，合成 iai；蟹合二「皆」「佳」「夬」（少數字歸入「家麻」除外）、蟹合一「泰」韻「外」字，及止合三莊系「衰（止合三脂生母）、「揣」（止合三紙初母）、「帥」（止合三至生母）等字，合成 uai。

㈥ 蕭豪

au：

包寶飽（p-）拋砲（p′-）毛卯貌（m-）刀島道（t-）叨討套（t′-）鐃腦鬧（n-）勞老僗（l-） 糟早皁（ts-）曹草造（ts′-）騷掃掃（s-）嘲爪爪（tʃ-）鈔熩耖（tʃ′-）梢稍哨（ʃ-）高稿告（k-）尻考犒（k′-）豪好號（x-）坳襖懊（o-）

iau：

標表俵（p-）飄膘瞟（p′-）苗渺妙（m-）雕杓弔（t-）挑挑跳（t′-）鳥溺（n-）遼了料（l-）焦勦醮（ts-）樵悄俏（ts′-）消小笑（s-）昭沼趙（tʃ-）超麨（tʃ′-）燒少少（ʃ-）饒遶（ʒ-）交皎叫（k-）敲巧竅

（ k′- ）囂曉孝（ x- ）腰杳要（ o- ）

易通「蕭豪」和中原音韻「蕭豪」韻相當，來自等韻效攝。效開一「豪」、效開二「爻」（除喉牙音外）合成「au」；效開二爻喉牙音產生介音 i，併入效開三「宵」效開四「蕭」，構成「iau」。中原都韻「au」韻母已轉爲「au」（後低元音舌位由舌面後移至舌面前），因此「包交敲哮坳」與「褒高考蒿鏖」的對比消失。

㈦ 戈何

o：

波跛播（ p- ）坡頗破（ p′- ）磨麼磨（ m- ）歌哿箇（ k- ）珂可軻（ k′- ）何荷賀（ x- ）娥我餓（ o- ）

uo：

多朵大（t-）他鼉唾（ t′- ）那娜糯（ n- ）羅裸摞（ l- ）傴左坐（ ts- ）搓瑳剉（ ts′- ）蓑鎖些（ s- ） 戈果過（ k- ）科顆課（ k′- ）禾夥禍（ x- ）訛婐臥（ o- ）

易通「戈何」和中原音韻「歌戈」相當，來自等韻果攝一等字。果開一「歌」除喉牙音尚保持開口，爲「o」韻母外，其他諸母字一律產生介音 u，轉成合口洪音，併入果合一戈韻，構成「uo」。又果合一戈唇音字由合口變開口和果開一喉牙音構成「o」。

㈧ 家麻

a：

巴把弝（ p- ）葩跁帕（ p′- ）麻馬罵（ m- ）打大（

t－）拿挪那（n－）蓋（l－）楂鮓詐（tʃ－）叉厏奼（tʃ′－）沙灑嗄（ʃ－）

ia：

加賈價（k－）傑跒骼（k′－）鰕下（x－）牙瘂亞（o－）

ua：

檛（tʃ－）稜髽（ʒ－）瓜寡卦（k－）誇骻胯（k′）花踝化（x－）蛙瓦窊（o－）

易通「家麻」和中原音韻「家麻」相當，來自等韻假攝二等及少數他攝字歸入（註二十四）。假開二「麻」喉牙音產生介音 i，是 ia；其他字是「a」。假合二「麻」是「ua」。（註二十四）

㈨ 庶蛇

ie：

芊乜（m－）爹（t－）嗟姐借（ts－）且（ts′－）些寫謝（s－）遮者蔗（tʃ－）車撦庫（tʃ′－）賒捨舍（ʃ－）惹偌（ʒ－）耶也夜（o－）

ye：

瘸（k′－）鞋（x－）

易通「遮蛇」和中原音韻「車遮」相當，來自等韻假攝和果攝三等。假開三「麻」是「ie」；果開三合三戈是「ye」（註二十五）。

㈩ 尤侯

ou：

抔剖（p'-）謀某茂（m-）浮否覆（f-）兜斗豆（t-）頭敨透（t'-）羺穀（n-）樓摟鏤（l-）諏走奏（ts-）湊（ts'-）鎪叟嗽（s-）鄒㑳（tʃ-）抽丑臭（tʃ'-）搜溲瘦（ʃ-）勾苟垢（k-）摳口寇（k'-）齁吼後（x-）歐偶樞（o-）

iou：

彪（p-）眸謬（m-）丟（t-）㖻紐狃（n-）劉柳溜（l-）湫酒就（ts-）秋（ts'-）秋緧秀（s-）周帚冑（tʃ-）愁鞦憖（tʃ'-）收首首（ʃ-）柔煣（ʒ-）鳩九臼（k-）丘糗鼽（k'-）休朽齅（x-）尤有又（o-）

易通「尤侯」和中原音韻「尤侯」相當，來自等韻流攝。流開一「侯」及流開三「尤」唇音字是「ou」；流開三「尤」「幽」合併是iou（註二十六）。

乙 入 聲

入聲有無問題一直是早期官話韻書中最難解決的癥結。中原音韻將入聲字歸入陰聲韻，註明「入聲作平聲陽」、「入聲作上聲」、「入聲作去聲」，和其他「平」、「上」、「去」的字區別。周德清在「中原音韻正音作詞起例」中對於入聲也表現著似有似無的兩可之說。

易通不僅保存著入聲的調名，且將入聲配陽聲，完全依據等韻系統，將入聲字分別歸入上卷十個陽聲韻中。如通攝入聲歸東洪、江宕入聲歸江陽等。上去入的相配非常一致。易通家麻韻「人」母上聲「髶」字下註云：「毛細也，本作入聲，人鍺切。」

（按：廣韻入聲十五鎋　：「髩，細毛也，而鎋切。」）假使易通眞的沒有入聲，那麼蘭氏必將會依照「髩」字的作法，把入聲字歸入平上去，加註曰：「本作入聲，某某切。」而且據韻略易通分合刪補的明末畢拱辰韻略滙通及明末清初樊騰鳳五方元音都具有打破傳統韻書的革命精神，不僅對平上去三聲，甚至於對入聲的分合也大加變動，但他們却都依然保持著入聲；明天啓年間西洋傳教士金尼閣（Nicolas Trigault）「西儒耳自資」也具有入聲。

以上理由迫使我們相信儘管某種官話方言已失去了入聲，而代表明朝官話方言之一的韻略易通，却依然存有入聲，只是它的收尾已不是等韻的 p、t、k，而是喉塞音（implosive glottal）「q」。

下文我們依序對易通入聲字提出初步的擬音。

㈠ 東 洪

uq：

卜（p-（註二十七）目（m-）福（f-）督（t-）禿（t'-）䚟（n-）六（l-）足（ts-）促（ts'-）宿（s-）竹（tʃ-）畜（tʃ'-）東（ʃ-）辱（ʒ-）谷（k-）哭（k'-）斛（x-）屋（o-）

iuq：

菊（k-）曲（k'-）旭（x-）玉（o-）

「東洪」入聲來自等韻通攝。通合三「屋」「燭」除喉牙音尚保持合口細音，構成「iuq」外，其餘一律失去介音 i，轉爲合口洪音，和通合一「屋」「沃」合成「uq」。

㈡ 江　陽

ɑq：

薄（p-）璞（p'-）莫（m-）縛（f-）鐸（t-）託（t'-）諾（n-）落（l-）鑿（ts-）錯（ts'-） 索（s-）閣（k-）恪（k'-）鶴（x-）蕚（o-）

iɑq：

爵（ts-）碏（ts'-）削（s-）著（tʃ-）綽（tʃ'）（註二十八）杓（ʃ-）弱（ʒ-）角（k-）却（k'-）（註二十九）學（x-）藥（o-）

uɑq：

卓（tʃ-）擉（tʃ'-）朔（ʃ-）郭（k-）廓（k'-）霍（x-）籰（o-）

「江陽」入聲來自等韻江宕二攝。江開二「覺」（除喉牙音及莊二知二字外）和宕開一鐸合併、宕開三藥脣音字輕脣化，失去介音 i，都是「ɑq」；江開二喉牙音產生介音 i 和宕開三「藥」合成「iɑq」；江開二莊二知二字產生介音 u，由開口洪音變合口洪音，宕合三「藥」失去介音 i，由合口細音變合口洪音，與宕合一「鐸」合併，構成「uɑq」（註三十）。

㈢ 眞　文

əq：

不（p-）哱（p'-）沒（m-）弗（f-）勿（v-）櫛（tʃ-）黜（tʃ'）瑟（ʃ-）忔（k-）齕（x-）

iəq：

筆（p-）匹（p'-）密（m-）暱（n-）栗（l-）疾

(ts-) 七 (ts'-) 悉 (s-) 質 (tʃ-) 疾 (tʃ') 室 (ʃ-) 日 (ʒ-) 吉 (k-) 乞 (k'-) 肸 (x-) 一 (o-)

uəq :

咄 (t'-) 腯 (t'-) 訥 (n-) 硉 (l-) 卒 (ts-) 猝 (ts'-) 窣 (s-) 骨 (k-) 窟 (k'-) 忽 (x-) 兀 (o-)

yəq :

律 (l-) 焌 (ts'-) 戌 (s-) 朮 (tʃ-) 出 (tʃ'-) 術 (ʃ-) 入 (ʒ-) 橘 (k-) 屈 (k'-) 欻 (x-) 聿 (o-)

「眞文」入聲來自等韻臻攝。臻開一「沒」開二「櫛」及合一「沒」合三「物」脣音字是「əq」；臻開三「質」「迄」是「iəq」；臻合一「沒」（脣音字除外）是「uəq」；臻合三「術」「物」（脣音字除外）是「yəq」。

(四) 山 寒

aq :

八 (p-) 叭 (p'-) 帓 (m-) 髮 (f-) 韈 (v-) 笪 (t-) 闥 (t'-) 捺 (n-) 剌 (l-) 拶 (ts-) 攃 (ts'-) 撒 (s-) 札 (tʃ-) 察 (tʃ'-) 殺 (ʃ-) 葛 (k-) 渴 (k'-) 曷 (x-) 櫱 (o-)

iaq :

戛 (k-) 刮 (k'-) 轄 (x-) 軋 (o-)

uaq :

茁 (tʃ-) 篡 (tʃ'-) 刷 (ʃ-) 刮 (k-) 滑 (x-)

穵（o-）

易通「山寒」入聲來自等韻山攝一二等及山咸攝合口三等唇音字。山開一曷、開二「鎋」「黠」（喉牙音除外）山合三「月」唇音字，咸合三「乏」唇音字（註三十一）合成「aq」；山開二「鎋」「黠」喉牙音產生介音 i，合成「iaq」；山合二「鎋」「黠」、成「uaq」（註三十二）

㈤ 端桓

oq：

撥（p-）潑（p′-）末（m-）

uoq：

掇（t-）脫（t′-）捋（l-）繓（ts-）撮（ts′）

括（k-）闊（k′-）活（x-）斡（o-）

「端桓」入聲來自等韻山合一「末」韻。除唇音字是「oq」外，都是「uoq」。

㈥ 先全

ieq：

別（p-）撆（p′-）滅（m-）耋（t-）鐵（t′-）（n-）列（l-）節（ts-）切（ts′-）屑（s-）哲（tʃ-）徹（tʃ′-）舌（ʃ-）熱（ʒ-）結（k-）挈（k′-）頡（x-）謁（o-）

yeq：

埒（l-）絕（ts-）雪（s-）拙（tʃ-）啜（tʃ′-）說（ʃ-）爇（ʒ-）厥（k-）闕（k′-）血（x-）月

(o-)

「先全」入聲來自等韻山攝三四等。山開三「薛」「月」、山開四「屑」合成「 ieq 」;山合三「薛」、「月」(脣音字除外)、山合四「屑」合成「 yeq 」。

(七) 庚　晴

əq :

白(p-)拍(p′-)麥(m-)德(t-)忒(t′-)能(n-)勒(l-)賊(ts-)塞(s-)側(tʃ-) 坼(tʃ′-)色(ʃ-)格(k-)客(k′-)黑(x-)厄(o-)

iəq :

壁(p-)霹(p′-)汨(m-)的(t-)剔(t′-)溺(n-)力(l-)寂(ts-)戚(ts′-)昔(s-) 直(tʃ-)尺(tʃ′-)石(ʃ-)戟(k-)喫(k′-)檄(x-)益(o-)

uəq :

國(k-)或(x-)

yəq :

鶪(k-)闃(k′-)洫(x-)域(o-)

「庚晴」入聲來自等韻梗曾二攝。梗開二「陌」「麥」,曾開一「德」、及梗開三「陌」曾開三「職」莊系(照二)字合成 əq ;梗開三「陌」「昔」、梗開四「錫」、曾開三「職」(「陌」「職」莊系字除外)合成「 iəq 」;梗合二「陌」「麥」、曾合一「鐸」合成「 uəq 」;梗合三「昔」、梗合四「錫」、曾合三「職」合成「 yəq 」。

在「庚晴」韻中的梗攝開口二等喉牙音，和平上去三聲一致，並沒有產生介音 i，仍是開口洪音。「見」母下「格（陌二）隔（麥二）」是開口洪音「庚」「kəŋ」的入聲；開母下「客（陌二）克（德一）」同音，是開口洪音「坑」（k′əŋ）的入聲；向母下「赫（陌二）核（麥二）劾（德一）」同音，是開口洪音「亨」（xəŋ）的入聲；「一」母下「額（陌二）厄（麥二）」是開口洪音「罌」（əŋ）的入聲。這種現象和中原音韻不同。中原音韻這些梗開二喉牙音字產生介音 i，歸入「車遮」。

(八) 侵尋

əq：

戢（tʃ-）揷（tʃ′-）澀（ʃ-）

iəq：

立（l-）集（ts-）緝（ts′-）習（s-）執（tʃ-）墶（tʃ′-）十（ʃ-）入（ʒ-）急（k-）泣（k′-）吸（x-）揖（o-）

「侵尋」入聲來自等韻深攝。深開三「緝」韻除莊系字失去介音 i，轉爲開口洪音「əq」外，其餘一律是開口細音「iəq」。

(九) 緘咸

aq：

答（t-）遝（t′-）納（n-）拉（l）匝（ts-）囃（ts′-）趿（s-）箚（tʃ-）臿（tʃ′）霎（ʃ-）閤（k-）磕（k′-）合（x-）盒（o-）

iaq：

甲（k-）恰（k'-）陷（x-）鴨（o-）

「緘咸」入聲來自等韻咸攝一二等。咸開二「狎」「洽」喉牙音產生介音 i，是 iaq；其他咸開二及咸開一「合」「盍」，合成「aq」。

㈩ 廉纖

ieq：

喋（t-）帖（t'）念（n-）鬣（l-）接（ts-）妾（ts'-）燮（s-）慴（tʃ-）攝（ʃ-）囁（ʒ-）頰（k-）恰（k'-）協（x-）葉（o-）

「廉纖」入聲來自等韻咸攝開三「葉」「業」、開四「帖」。

以上十韻入聲韻母中有相重複的情形，造成韻別字異而音同的現象，如眞文「瑟」、「庚晴」「色」、侵尋「澀」同音「ʃəq」；山寒「軋」、緘咸「鴨」同音「iaq」；先全「切」、廉纖「妾」同音「ts'ieq」等。將犯重各韻排列如下：

əq：眞文、庚晴、侵尋

iəq：眞文、庚晴、侵尋

uəq：眞文、庚晴

yəq：眞文、庚晴

aq：山寒、緘咸

iaq：山寒、緘咸

ieq：先全 廉纖

切韻至等韻時代的入聲韻尾 p、t、k，在易通中已轉成喉塞音「q」，但蘭氏却依然仿照等韻平上去入相配形式，把入聲

逐字配進陽聲，才造成了同韻母，甚至於同音的字，分屬不同韻部的情形。試看據易通分合删補的韻略滙通敢於將原屬p、t、k的字，歸併成許多的同音字，却仍舊依循平上去入相配原則，將入聲配入陽聲，因此也不得不造成韻與韻重見的現象。由此可見，入聲字的轉變，已很難合乎平上去入相配的分韻標準了。

三、聲　調

易通表面分平、上、去、入四個聲調。平聲字下常有圈「O」隔開爲兩組，如「風O馮」、「從O怱」、「通O同」等。我們將各韻的平聲字與中原音韻「平聲陰」、「平聲陽」及韻略滙通「上平」、「下平」兩相對照，可知易通平聲字中的圈「O」正是平聲分陰陽的記號，實際上易通具有陰平、陽平、上、去、入五個聲調。

結　論

綜觀上文聲母、韻母、聲調的探討，我們歸納出以下的結論。

一、易通的語音結構是：

$$\text{聲母}\ \frac{\text{聲　調}}{\text{韻　母}}$$

二、聲母二十音位，表列於下（註三十三）：

	塞音		塞擦音		擦音		鼻音	其他
	不送氣	送氣	不送氣	送氣	清	濁		
雙脣音	p (冰)	p′ (破)					m (梅)	
唇齒音					f (風)	v (無)		
舌尖音	t (東)	t′ (天)					n (暖)	l (來)(邊音)
舌尖音			ts (早)	ts′(從)	s (雪)			
舌尖面音			tʃ (枝)	tʃ′(春)	ʃ (上)	ʒ (人)		
舌根音	k (見)	k′ (開)			x (向)			
								o (一)(無聲母)

三韻母結構是：

（介音）主要元音（韻尾）（註三十四）

A. 介音三個音位：

i　展脣舌面前半元音

y　圓脣舌面前半元音

u　圓脣舌面後半元音（註三十五）

B. 主要元音九個音位：

i　代表兩個同位音：

〔ɿ〕展脣舌尖前高元音

〔ʅ〕展脣舌尖後高元音

i　展脣舌面前高元音

y　圓脣舌面前高元音

u　圓脣舌面後高元音

e　展脣舌面前半高元音

ə　展脣舌面中半高元音

o　圓脣舌面後半高元音

a　展脣舌面前低元音

ɑ　展脣舌面後低元音

依舌位高低，前後及展圓脣，將主要元音列表於下：

	舌尖	舌面前		舌面中	舌面後	
	展脣	展脣	圓脣	展脣	展脣	圓脣
高	ï 〔ɿ〕 〔ʅ〕	i	y			u
半高		e		ə		o
低		a			ɑ	

C. 韻尾六個音位：

i　展脣舌面前半元音

u　圓脣舌面後半元音

m　雙脣鼻音

n　舌尖鼻音

ŋ　舌根鼻音

q　喉塞音

表列陰聲韻、陽聲韻平、上、去三聲、陽聲韻入聲的韻母配合表如下：

表一　陰聲十韻：

韻　　尾	ø（無韻尾）							ï		u	
介音＼主元音	ï	i	y	u	e	o	a	ė	a	o	a
ø（無介音）	支辭（孜tʃi）	西微（衣i）	居魚（魚y）	呼模（烏u）		戈何（我o）	家麻（麻ma）	西微（悲pei）	皆來（哀ai）	尤侯（歐ou）	蕭豪（坳au）
i					遮蛇（耶ie）		家麻（牙ia）		皆來（挨iai）	尤侯（幽iou）	蕭豪（杳iau）
u						戈何（訛uo）	家麻（蛙ua）	西微（威uei）	皆來（歪uai）		
y					遮蛇（鞋xye）						

按：陰聲十韻中或是沒有韻尾，或以半元音「i」「u」作韻尾。

表二　陽聲十韻平上去三聲：

韻尾	m			n				ŋ		
介音＼主元音	e	ə	a	e	ə	o	a	u	ə	ɑ
ø（無介音）		侵　尋（森ʃəm）	緘　咸（庵 am）		眞　文（恩　ən）	端　桓（般pon）	山　寒（安an）	東　洪（翁　uŋ）	庚　晴（罌 əŋ）	江　陽（昂　ɑŋ）
i	廉　纖（炎iem）	侵　尋（深ʃiəm）	緘　咸　巖(iam）	先　全（煙ien）	眞　文（因iən）		山　寒（顏ian）	東　洪（邕iuŋ）	庚　晴（英iəŋ）	江　陽（央iɑŋ）
u					眞　文（溫uən）	端　桓（剜uon）	山　寒（頑 uan）		庚　晴（甍xuəŋ）	江　陽（王uɑŋ）
y				先　全（淵yen）	眞　文（瘟yən）				庚　晴（永yəŋ）	

按：陽聲十韻平上去三聲以鼻音m、n ŋ爲韻尾。

表三　陽聲十韻入聲

韻尾	q					
介音＼主元音	u	e	ə	o	a	ɑ
ø（無介音）	東洪 （屋 uq）		眞文 （瑟 ʃəq） 庚晴 （色 ʃəq） 侵尋 （澀 ʃəq）	端桓 （撥 poq）	山寒 （遏 aq） 緘咸 （盒 aq）	江陽 （惡 ɑq）
i	東洪 （育 iuq）	先全 （謁 ieq） 廉纖 （葉 ieq）	眞文 （疾tsiəq） 庚晴 （集tsiəq） 侵尋 （寂tsiəq）		山寒 （軋 iaq） 緘咸 （鴨 iaq）	江陽 （藥 iɑq）
u			眞文 （骨kuəq） 庚晴 （國kuəq）	端桓 （括kuoq）	山寒 （刮kuaq）	江陽 （矱 uɑq）
y		先全 （月 yeq）	眞文 （橘kyəq） 庚晴 （鶪kyəq）			

按：陽聲十韻入聲都以喉塞音「p」爲韻尾。

四聲調表面是平、上、去、入四調，實際上平聲分陰陽，共計五個聲調。　　　（原刊於淡江學報第十一期）

【附　註】

註　一：國語雖也和易通相同，沒有ŋ聲母，但某些中古疑母字却轉成舌尖鼻音n。「孽（山開三薛疑）臬（山開四屑疑）虐（宕開三藥疑」、「倪（蟹開四齊疑）」、「擬（止開三止疑）」、「逆（梗開四陌疑）」、「牛（流開三尤疑）」、「凝（曾開三蒸疑）」等都是n。這些

字在易通中，都出現「一」母（o-）下，而中原音韻除「薛臬」為n，「虐」為ŋ外，其他諸字都是無聲母。由此可見中原音韻、韻略易通，國語三者是極相近的官話語言，但並不是完全來自同一的官話祖語。

註　二：例字僅就平上去三聲，舉其首字。

註　三：舉平以該上去。

註　四：喉牙音指三十六字母中的牙音「見溪羣疑」及喉音「影曉匣喻」。演變至易通為「見」（k-）「開」（k'-）「向」（x-）「一」（o-）

註　五：易通暖母平聲「農」與「濃」、來母「龍」與「籠」中間都有圈o隔開。易通全書的體例是同韻母的平上去及相配入聲同行排列，不同韻母者隔行分列。「農」與「濃」、「龍」與「籠」不是韻母的差異，至多只是聲調的不同。竊疑中間的「o」是誤加的。據易通分合刪補的明末畢拱辰韻略滙通中間都沒有加圈，完全是同音字。

註　六：通合三喉牙音在中原音韻「東鍾」韻中表現不一致。「空（溪一）」與「穹（溪三）」（k'-）、「紅（匣一）宏（匣二）」與「雄（匣三）」（x-）「翁（影一）」與「邕（影三）」（o-）「甕（影一）」與「用（喻四）」（o-）尚保持洪細分別。但「工（見一）弓「見三）」（k-）「孔（溪一）恐（溪三）」（k'-）「貢（見一）共（羣三）」（k-）「翁（影一）「癰（影三）」（o-）已洪細混同3。（按「癰廱壅」三字，廣韻和「邕」同音「於容切」，但中原音韻「邕」保

持細音，「癰」等和洪音「翁」混同，更可見中原音韻的祖語所承受的語音變化極不一致。而易通東洪中的通合三喉牙音一律保持細音。）

註　七：易通「莊（江開二莊）樁（江開二知）」與「章（宕開三章）張（宕開三知）」、「窻（江開二穿）與「昌（宕開三昌）」、「霜（江開二生）」與「商（宕開三書）」分行排列「莊窻霜」已產生介音u，變合口洪音「uaŋ」；而由其他各韻除東洪韻外，章系（包括知三）依然保持細音看來，江陽中這些宕開三章知系字，和其他各母字一樣，是細音「iaŋ」，而不是洪音「aŋ」。

註　八：平聲「恩」附在合口音「溫穩諢π」下，註曰：「附平聲恩，上去入皆無。」

註　九：a臻合三「文」韻唇音字「分芬汾文」輕唇化，聲母變f，韻母失去介音i；又臻合一「魂」唇音字「奔噴盆門」等字由合口洪音轉爲開口洪音。唇音聲母本身即有合口成分，或以爲唇音字只有開口，沒有介音u；或以爲唇音字都是合口字，具有介音u。在易通中，我們以爲唇音字都是沒有介音「u」的，和國語相同。

註九b：易通「眞文」中，中古的精系字除「尊（精一）遵（精三）」（ts-）已成同音外，「村（清一）」與「逡（清四）」（ts'-）「孫（心一）」與「詢（心四）」（s-）、「論（來一）」與「倫（來四）」（l-）仍然保持洪細對比，和中原音韻相同。「遵」變同「尊」，我們以爲是「遵」因偏旁「尊」，而受字形類化成同音字，與語音整體的演變無關。

註　十：「產鏟」，易通同列在山寒「春」母上聲。廣韻「產」韻，「產，所簡切」，乃生（審二）字；「鏟，初限切」，乃初（穿二）字。中原音韻「產鏟」已同音。這種不合演變規律的現象，也是因「產鏟」同有「產」爲偏旁而類化成同音的。

註十一：「跧」一讀，平聲刪韻「阻頑切」，莊母合口二等；一讀平聲仙韻「莊緣切」，「莊」母合口三等。韻鏡列在外轉二十四合口齒音照二「莊」母（刪韻）易通列在「枝」母下，韻母爲合口洪音「 tʃuan 」。

註十二：「潺」，一讀平聲山開二山韻「士山切」，崇（牀二）母，和「鋳」同音；一讀平聲山開三仙韻「士連切」，崇（牀二）母，也和「鋳」同音。易通將「潺」「鋳」分爲二，「潺」列爲「產篡」的平聲，「篡」，山合二諫韻字，爲合口字；而「鋳」列爲「產憧」的平聲。「產」爲山開二「產」韻字，爲開口字。因此「潺」已由開口細音轉爲合口洪音，而「鋳」爲開口洪音。

註十三：「拴」廣韻仙韻「山員切」，山合三生（審二）字，易通已轉爲合口洪音。

註十四：「刪」合口「班攀蠻」等，「元」合口「蕃翻煩樠」輕唇化，都成開口音。又咸合三「凡」韻「凡」（平）「范」（上）「汎梵」（去）等字，先聲母輕唇化，變「 f 」，失去介音 i ，又與其他合口重唇字一樣失去介音 u ，由合口變開口。因聲母「 f 」與韻尾「 m 」同是唇音，發生異化作用，「 m 」轉爲「 n 」，所以中原音韻歸入「寒山」，易通歸入「山寒」。

註十五：仙韻開三「潺」、合三「拴」，都成合口洪音。

註十六：「傾」，廣韻「清」韻「去營切」。韻鏡列在三十四轉合口牙音「溪」母四等，爲合口細音字。中原音韻和「輕（梗開三清溪母）」等同音，已失去介音u。又將「傾」歸入「東鍾」和「穹」同音「kiuŋ」，仍是合口細音。易通只見「庚晴」韻，且「輕」「傾」異音。

註十七：中原音韻「庚青」中梗攝喉牙音字，「亨（梗開二庚曉）」與「馨（梗開四青曉）興（曾開三蒸曉）」（x-）「罌（梗開二耕影）」與「英（梗開三庚影）」（o-）保持洪細對比；「京（梗開三庚見）庚（梗開二庚見）經（梗開四青見）兢（曾開三蒸見）」（k-）「輕（梗開三清溪）坑（梗開二耕溪），卿（梗開三庚溪）傾（梗合三清溪）」（k'-）「行（梗開二庚匣）形（梗開四青匣）」（x-）「英（梗開三庚影）應（曾開三蒸影）嚶（梗開二耕影）」（o-）都是同音字，梗開二變成細音。而易通「庚」與「京」（k-）「坑」與「卿」（k'-）「亨」與「興」（x-）「罌」與「英」（o-）都是隔行分列，梗開二保持洪音。

註十八：國語「庚」、「坑」、「亨」等字讀成洪音，和「京」「卿」「興」細音不同。這一點上，易通比中原音韻更接近國語。

註十九：易通中，「耕」和「庚」同爲洪音（kəŋ）。「耿」（原是「耕」上聲字）却歸爲「京」上聲，讀成細音「kiəŋ」。而中原音韻，梗開二喉牙音大多產生介音i爲細音，但「亨」、「罌」却依然是洪音（「xəŋ」、

「 əŋ 」）；國語中梗開二喉牙音都讀成洪音，而「行」却讀成細音（iŋ）。可知中原音韻、韻略易通、國語三者所承繼的祖語雖不完全相同，却極相近，才有許多借音情形，因此不合乎本身的語音演變規律。（按國語「行」另一音「xəŋ」，來自宕開一唐韻）。

註二〇：「絍」，廣韻「侵」韻「如林切」，和「恁」同音；又一音寑韻「如甚切」。都是日母字。只有「賃」，「乃禁」切，為去聲沁韻娘母字。而易通「絍恁賃」同在暖母下，「絍恁」由日母的舌面鼻音ȵ，讀成舌尖鼻音n。

註二一：「渰」，廣韻上聲「琰」韻依儉切，影母，和「奄」同音。易通「渰」歸入緘咸，與咸開二銜「巖」字同在一母下平聲下，中間有圈隔開。渰已轉為平聲。而「奄」依然歸入廉纖。

註二二：少數止開三章系字歸入西微。西微「春」母下收有「侈」（止開三紙昌）」（上聲）、「幟熾（止開三志昌）」（去聲），這是例外歸入。中原音韻更收有「蚩嗤」等止開三「之」韻昌母字，易通歸入支辭「春」母。

註二三：「西微」中有少數止開三章系字歸入，見註二二。又值得注意的是易通和中原音韻相同，止開三知系字不入支辭而入西微，韻母仍為i。這表示了止開三照系精系韻母變為Ï，在知系聲母和照系合併之前（照系莊章二組聲母的合併早在等韻以照穿牀審禪五母代表時已完成)。

註二四：有少數例外字歸入「家麻」。如「卦掛（蟹合二卦見）」、「畫（蟹合二卦匣）話（蟹合二夬匣）」、「罷（蟹

開二蟹並）」、「媽（遇合一姥明）」、「帕（山開二鎋明）」、「凹（咸開二洽影）」等字。又有兩見者，如涯（蟹開二佳疑）」，既見「皆來」，又見「家麻」；「那（果開一箇泥）」既見「戈何」，又見「家麻」。

註二五：果開三「戈」韻有「迦（居伽切見母）」、「伽茄枷（求迦切羣母）」（按「茄迦」又音「加」）等字。易通「枷迦」入「家麻」見母，而「茄伽」入「遮蛇」開母，和果合三戈韻「瘸」字同列平聲，有圈隔開，爲聲調的別異。

註二六：流攝在韻圖上屬獨韻，韻鏡屬第三十七轉開口。「侯」位一等，尤三等，幽四等。「幽」本爲三等韻，置四等，和尤韻的差異，可能爲介音或主要元音的略異。高本漢先生擬音：侯 ə̆u，尤 jiə̆u 幽 iə̆u（見中國音韻研究頁 661 至 669 ），都是開口。董同龢先生擬音：侯 u 尤 ju 幽 jəu ，前兩韻爲合口，後一韻開口。我們以爲流攝只有開口字。

註二七：入聲例字但舉首字，其餘字音同。

註二八：「趠踔」，廣韻「覺」韻「敕角切」，江開二「徹」母。易通歸入春母下，與宕開三藥韻「綽」字同音。這是因「趠踔綽」同有偏旁「卓」類化形成的。

註二九：開母下「燩」，廣韻錫韻「苦擊切」，梗開四溪母。易通入江陽爲方音的異讀。

註三〇：江開二覺莊二知二如「捉（莊）斲（知）濁（澄）」（tʃ- ）「娖（初二）」（ tʃ'- ）「朔（生）」（ ʃ- ）都是「 uɑq 」；宕合三「籰」和宕合一「鑊」合併，「

郭（鐸一）攫（藥三）」（k-）「頀（鐸一）矱（藥三）」（o-）都是同音字，韻母「uɑq」。

註三一：山合三「月」韻唇音字「髮伐韈」等字輕唇化變開口；咸合三「乏」韻唇音字「法乏」輕唇化後，又發生異化作用，雙唇塞音「p」韻尾變舌尖塞音「t」，又轉為喉塞音「q」。

註三二：易通「春」母下合口入聲列有「纂算」字，廣韻一讀為「鎋」韻，二字同音「初刮切」，山合二初母字。一讀入「薛」韻，「纂」，側劣切」，山合三莊母；「䥥，厠列切」，山開三初母。韻鏡外轉二十二合口入聲二等「鎋」「穿」母列有「纂」字。我們以為易通「纂䥥」源自鎋韻。

註三三：我們認為無聲母也是聲母中的一種音位，和輔音「p p′ m」等同樣具有辨義作用。易通以「一」為代表字母，標音時，我們以o作表徵。

註三四：加括弧（）表示括弧中的成分可有可無。「（介音）主要元音（韻尾）」，介音及韻尾可有可無，因此可以構成以下四種結構：

1. 介音十主要元音十韻尾。

2. 主要元音十韻尾。

3. 介音十主要元音。

4. 主要元音。

註三五：介音只是半元音性質，主要元音才是全元音。介音「i」、「y」、「u」與主要元音i、y、u是同位音，位在主要元音前為介音，屬半元音；在主要元音位上，

爲全元音。

A STUDY OF THE YUNN LIUEH YIH TONG
(AN ABSTRACT)

The Yunn Liueh Yih Tong is the historical linguistic data for researching the mandarin of the Ming Dynasty. It was written by Lan Maw in the Jeng Toong years of the Ming Dynasty。The study of Yunn Liueh Yih Tong is intended to search the phonetic structure of mandarin in this early period. The phonetic structure of mandarin in this period includes three parts: initials, finals, and tones。There are twenty initials phonemes: "p", "p'", "m", "f", "v", "t", "t'", "n", "l", "ts", "ts'", "s", "tʃ", "tʃ'", "ʃ", "ʒ", "k", "k'", "x" and non-initial. Finals contain medials, vowels and endings. Three phonemes are included in medials: "i", "u", "y". Vowels have nine phonemes: "ï", "i", "y", "u", "ə", "e", "o", "a", "ɑ". Endings have six phonemes: "i", "u", "m", "n", "ŋ" and implosive glottal "q". There are four tones: even, rising, departing, entering tone.